ESTADO DE CRISE

Obras de Zygmunt Bauman:

- 44 cartas do mundo líquido moderno
- Amor líquido
- Aprendendo a pensar com a sociologia
- A arte da vida
- Babel
- Bauman sobre Bauman
- Capitalismo parasitário
- Cegueira moral
- Comunidade
- Confiança e medo na cidade
- A cultura no mundo líquido moderno
- Danos colaterais
- Em busca da política
- Ensaios sobre o conceito de cultura
- Estado de crise
- Estranhos à nossa porta
- A ética é possível num mundo de consumidores?
- Europa
- Globalização: as consequências humanas
- Identidade
- A individualidade numa época de incertezas
- Isto não é um diário
- Legisladores e intérpretes
- O mal-estar da pós-modernidade
- Medo líquido
- Modernidade e ambivalência
- Modernidade e Holocausto
- Modernidade líquida
- Para que serve a sociologia?
- O retorno do pêndulo
- Retrotopia
- A riqueza de poucos beneficia todos nós?
- Sobre educação e juventude
- A sociedade individualizada
- Tempos líquidos
- Vida a crédito
- Vida em fragmentos
- Vida líquida
- Vida para consumo
- Vidas desperdiçadas
- Vigilância líquida

Zygmunt Bauman e Carlo Bordoni

ESTADO DE CRISE

Tradução:
Renato Aguiar

Título original:
State of Crisis

Tradução autorizada da primeira edição inglesa,
publicada em 2014 por Polity Press,
de Cambridge, Inglaterra

Copyright © 2014, Zygmunt Bauman e Carlo Bordoni

Copyright da edição em língua portuguesa © 2016:
Jorge Zahar Editor Ltda.
rua Marquês de S. Vicente 99 – 1º | 22451-041 Rio de Janeiro, RJ
tel (21) 2529-4750 | fax (21) 2529-4787
editora@zahar.com.br | www.zahar.com.br

Todos os direitos reservados.
A reprodução não autorizada desta publicação, no todo
ou em parte, constitui violação de direitos autorais. (Lei 9.610/98)

Grafia atualizada respeitando o novo Acordo Ortográfico da Língua Portuguesa

Preparação: Angela Ramalho Vianna
Revisão: Eduardo Farias, Eduardo Monteiro | Indexação: Gabriella Russano
Capa: Sérgio Campante | Fotos da capa: © Paula Bronstein/Staff/Getty Images;
© iStock.com/luoman; © iStock.com/man_kukuku

CIP-Brasil. Catalogação na fonte
Sindicato Nacional dos Editores de Livros, RJ

B341e

Bauman, Zygmunt, 1925
Estado de crise/Zygmunt Bauman, Carlo Bordoni; tradução Renato Aguiar. – 1.ed. – Rio de Janeiro: Zahar, 2016.

Tradução de: State of crisis
Inclui índice
ISBN 978-85-378-1511-3

1. Antropologia social. 2. Problemas sociais. 3. Sociologia. I. Bordoni, Carlo. II. Título.

15-26573

CDD: 306
CDU: 316

· **Sumário** ·

Prefácio 7

1. Crise do Estado 9

Uma definição de crise, *9* | Um estatismo sem Estado, *22* | Estado e nação, *39* | Hobbes e o Leviatã, *54*

2. Modernidade em crise 70

As promessas retiradas, *70* | Saindo da modernidade, *84* | Percorrendo a pós-modernidade, *95* | Desconstrução e negação, *108* | O fim da história?, *128*

3. Democracia em crise 136

Ética de progresso e democracia, *136* | Um excesso de democracia?, *153* | Pós-democracia, *162* | Por uma nova ordem global, *174*

Notas 181

Índice remissivo 185

· **Prefácio** ·

Um ensaio escrito a quatro mãos. Começando pela definição de "crise", o desenvolvimento deste livro percorre as várias formas assumidas pelos problemas mais sérios de nossos tempos de mudanças. Ele analisa a sociedade atual segundo Zygmunt Bauman, em colaboração com Carlo Bordoni.

A tese básica deste livro é de que a crise enfrentada pelo mundo ocidental não é temporária, mas sinal de uma mudança profunda que envolve todo o sistema social e econômico e que terá efeitos de longa duração. Bordoni teoriza a crise da modernidade e da pós-modernidade representando o interregno contínuo (um fenômeno limitado no tempo que deixou repercussões no presente), enquanto Bauman propõe novas soluções no quadro da sua teoria da sociedade líquida.

O objetivo final deste trabalho é uma análise original e nunca antes publicada da condição corrente da sociedade ocidental, envolvendo diferentes aspectos: da crise do Estado moderno à democracia representativa, da economia neoliberal à saída agora em curso da sociedade de massa. Um debate vigoroso, com distanciamento, sobre as questões da sociedade líquida e uma tentativa de entender o presente a fim de preparar-se para o futuro. Uma espécie de dicionário da crise, no qual todos os tópicos a ela associados são debatidos pelos autores de modo original.

Os autores são gratos a John Thompson por seu estímulo e conselho, e gostariam de agradecer a Elliott Karstadt, assistente editorial, Neil de Cort, gerente de produção editorial, e Leigh Mueller, copidesque, pelo auxílio profissional; além disso, Carlo Bordoni gostaria de agradecer a Wendy Doherty pela ajuda cuidadosa na tradução de seu texto.

· 1 ·

Crise do Estado

No século XXI, o que substituirá o Estado-nação (presumindo que ele seja substituído por algo) como modelo de governo popular? Nós não sabemos.

ERIC J. HOBSBAWM[1]

Uma definição de crise

CARLO BORDONI: *Crise*. Da palavra grega κρίσις, "juízo", "resultado de um juízo", "ponto crítico", "seleção", "decisão" (segundo Tucídides), mas também "contenda" ou "disputa" (segundo Platão), um padrão, do qual derivam *critério*, "base para julgar", mas também "habilidade de discernir", e *crítico*, "próprio para julgar", "crucial", "decisivo", bem como pertinente à arte de julgar.

Palavra que ocorre frequentemente nos jornais, na televisão, em conversas do dia a dia, que de tempos em tempos é usada para justificar dificuldades financeiras, aumento de preços, queda na demanda, falta de liquidez, imposição de novas taxas ou tudo isso junto.

Crise econômica é, segundo os dicionários, uma fase de recessão caracterizada por falta de investimentos, diminuição da produção, aumento do desemprego, um termo que tem significado geral de circunstâncias desfavoráveis com frequência ligadas à economia.

Qualquer acontecimento adverso, em especial os concernentes ao setor econômico, é "culpa da crise". Trata-se de uma atribuição de responsabilidade absolutamente despersonalizada, a qual liberta indivíduos de todo e qualquer envolvimento e faz alusão a uma entidade abstrata, o que soa vagamente sinistro. Isso acontece porque algum tempo atrás a palavra "crise" perdeu seu significado original e assumiu uma conotação apenas econômica. Ela substituiu outras palavras que foram historicamente desvirtuadas, como "conjuntura", usada com frequência nos anos 1960 e 1970, quando a situação econômica geral era mais otimista, abrindo caminho a temporadas nas quais o consumismo de massa reinou imperturbado.

Considerava-se que passar por um período "conjuntural" era uma transição dolorosa, mas necessária, em vista de alcançar uma nova fase de prosperidade. Era um momento de ajuste para preparar terreno, refinar estratégias e atacar novamente a fim de recuperar o vigor e a segurança, e negociar acordos assim que as coisas se estabilizassem.

Uma conjuntura era um período curto em comparação com todo o restante. O termo já implicava uma atitude positiva, confiante em relação ao futuro imediato, em contraste com outros termos comumente usados para designar dificuldades econômicas, no passado. Depois da queda de Wall Street em 1929, começou a Grande Depressão. Ainda hoje, se comparado a "conjuntura", esse termo evoca cenários de catástrofe e sugere uma recessão grave e de longo prazo, combinando-se com uma profunda angústia existencial – algo de que é extremamente difícil se recuperar, marcado por implicações psicológicas inevitáveis.

A crise mais séria da modernidade, aquela de 1929, que causou o colapso da bolsa e provocou uma série de suicídios, foi habilmente resolvida mediante a aplicação das teorias de Keynes: apesar do déficit, o Estado investiu em obras públicas, empregando a força de trabalho numa época em que não havia nenhum emprego disponível e as empresas eram obrigadas a dispensar pessoas; planos foram estimulados e uma janela se abriu para a indústria, reimpulsionando o pêndulo da economia. Contudo, a crise atual é diferente. Os países afetados pela crise estão endividados demais e não têm vigor, talvez nem sequer os instrumentos, para investir. Tudo o que podem fazer são cortes aleatórios, os quais têm o efeito de exacerbar a recessão, em vez de mitigar seu impacto sobre os cidadãos.

Hoje, nós preferimos falar de "crise", em vez de "conjuntura" ou "depressão". Trata-se certamente de um termo mais neutro, que tem sido utilizado em muitos outros contextos, além do econômico, sendo portanto muito familiar. Das crises matrimoniais, que perturbam casais, a crises de adolescência, que marcam a transição da puberdade à vida adulta, a noção de "crise" transmite a imagem de um momento de transição de uma condição anterior para uma nova – de uma transição que se presta necessariamente ao crescimento, como prelúdio de uma melhoria para um status diferente, um passo adiante decisivo. Por isso o termo incita menos medo.

Como se pode ver, "crise", em seu sentido próprio, expressa algo positivo, criativo e otimista, pois envolve mudança e pode ser um renascimento após uma ruptura. Indica separação, com certeza, mas também escolha, decisões e, por conseguinte, a oportunidade de expressar uma opinião. Num contexto mais amplo, a noção adquire sentido de maturação de uma nova experiência, a qual leva a um ponto de não retorno (tanto no âmbito pessoal quanto no histórico-social). Em resumo, a crise é o fator que predispõe à mudança, que prepara para futuros ajustes sobre novas bases, o que absolutamente não é depressivo, como nos mostra o atual impasse econômico.

Há pouco tempo, a noção de "crise" se vinculou essencialmente ao setor econômico para indicar uma condição complexa e contraditória, que não pode ser definida como "inflação", "estagnação", "nem recessão", mas na qual uma série de causas se combinam numa mixórdia de questões conflitantes.

Na realidade, essa crise é caracterizada pela combinação simultânea de uma aposta econômica no âmbito internacional (as causas) e as medidas tomadas para lidar com isso (os efeitos). Ambas impactam o cidadão de maneira diferente, interagindo e contribuindo para a complexidade de um mal-estar social que tem se mostrado cada vez mais importante. A percepção disseminada é de que a cura é pior que a doença, pois é mais imediata e notável na pele das pessoas.

Essa crise vem de longe. Tem suas raízes nos anos 2000, marcada pela nova eclosão de terrorismo e a emblemática destruição das Torres Gêmeas em Nova York, em 2001. Não foi nenhuma coincidência o fato de as Torres Gêmeas serem parte do World Trade Center, o quartel da Organização Mundial de Comércio. Premonição ou coincidência? De fato, desde então, apesar da explosão da "Nova Economia", os mercados financeiros começaram a tremer, mostrando que a globalização não teria levado a nada de bom. As consequências da invasão dos mercados mundiais por grandes corporações multinacionais foram, na verdade, a principal preocupação dos observadores no final do século XX – colonizações econômicas, mas também culturais (questionadas pelo movimento "No Logo"), as quais nos fizeram temer a globalização como triunfo de um imenso mercado mundial padronizado e homogeneizado, às expensas de pequenos produtores e redes comerciais.

A liberalização das fronteiras, porém, além de ter efeitos significativos para a liberdade e as comunicações pessoais, também abriu caminho a uma torrente de dificuldades econômicas. Uma queda da Bolsa de Tóquio tem repercussões imediatas em Londres ou Milão. Daí a bolha especulativa com títulos podres, que começou na América do Sul e é responsável pelo mais sério colapso de todos os tempos do sistema bancário, infiltrando-se na Europa e desencadeando a presente crise, para a qual não conseguimos ver uma saída.

A crise em curso é financeira, ao passo que a crise de 1929 foi industrial: na atualidade, as teorias de Keynes não puderam ser aplicadas. Vejam o caso da Grécia, no qual as imensas contribuições da União Europeia só servem para reduzir o déficit temporariamente e não logram resultar em novos investimentos produtivos. O pêndulo não pode se reiniciar.

De modo semelhante, as empresas privadas não têm interesse em investir capital em países que estejam passando por dificuldades sérias, em parte por causa do arrocho no crédito bancário, mas especialmente em função de retornos econômicos inconsistentes, resultante da redução do consumo.

Nessa fase, nós testemunhamos o curioso fenômeno do aumento de preços dos bens essenciais, o que vai contra as tendências de mercado (eles deveriam cair em consequência da diminuição da demanda): o aumento de preços busca compensar, a curto prazo, a diminuição das vendas, remunerando o produtor por perdas sofridas em função da incapacidade de vender. Numa etapa posterior, se medidas corretivas adequadas não forem implementadas, a queda dos preços ao consumidor reduz a produção, engendrando uma falta de bens essenciais e causando novos aumentos forçados de preço, os quais buscam restaurar o equilíbrio entre oferta e demanda. Tal situação desencadeia uma economia de tempos de guerra, com preços de mercado dobrando (no mercado negro), o que a Europa experimentou tragicamente na última parte da Segunda Guerra Mundial.

Ao avançarmos para uma recessão grave, registra-se um aumento geral de preços dos bens de consumo (basta fazer umas compras rápidas no supermercado para notar), juntamente com uma estagnação ou queda dos preços de mercado de bens imóveis. Esse é o mais óbvio dos sinais de uma séria escassez, a qual, se não corrigida, levará inevitavelmente ao colapso econômico. O declínio nas vendas de certos bens, como os bens imóveis, juntamente com o aumento dos preços dos bens essenciais, indica uma destinação diferente para a oferta de dinheiro, que é usado em consumo (em vez de ser investido); ou, se estivermos falando de grandes montantes de capital, transferido para o estrangeiro, onde estará mais seguro ou terá uma chance de recuperar pelo menos parte dos lucros perdidos.

O aumento do preço dos bens de consumo não apenas desvia recursos do investimento e do mercado de bens imóveis, ele também cria uma espécie de "síndrome de *Titanic*", caracterizada por uma euforia contagiosa enquanto o país está afundando. Uma parte da população, que por enquanto não foi afetada pela crise, despende suas economias e aumenta seus gastos (gastando mais que o necessário, permitindo-se tirar férias etc.), justificando seu comportamento a seus próprios olhos com a precariedade da existência: "Melhor desfrutar enquanto podemos". Este é seu lema, ao mesmo tempo que leva sua vida como se nada estivesse acontecendo, fechando os olhos para a realidade.

Para outros, pode-se observar um "efeito de eco" particular, que os faz gastar baseados na renda do ano anterior, mantendo assim o padrão de vida e fazendo-os contrair dívidas. Essa é uma forma óbvia de autodefesa psicológica, na qual os indivíduos tentam conter a ansiedade que os impregna pelo colapso de toda e qualquer certeza sobre o futuro.

Por outro lado, há os casos de suicídio. Conta-se que houve mais de 1.200 casos de suicídio só na Grécia por causa da crise econômica. Há os que se afogam, enquanto os privilegiados dançam no convés superior do navio, fingindo não ver. Ou talvez eles tenham plena consciência de tudo, mas, exatamente por isto, fecham teimosamente os olhos.

A inflação é outro problema. O colapso do valor da moeda, sua incongruência progressiva com relação aos bens de consumo, foi por enquanto evitado. A inflação está ligada a todas as crises econômicas da modernidade; ela alcançou o recorde de todos os tempos durante a República de Weimar (antes da ascensão de Hitler ao poder na Alemanha), ocasião em que o quilo de pão chegou a custar 1 milhão de marcos – ou na Argentina dos anos 1970, quando a quantidade necessária de pesos para pagar o pão aumentava diariamente, num crescendo infinito. A inflação é a pior consequência de qualquer crise econômica porque engole as economias de toda a vida e reduz as pessoas à fome num período muito curto: o dinheiro já não pode comprar mais nada, e instala-se o desespero. Um câncer altamente agressivo que se propaga no mesmo ritmo da velocidade da moeda. Quanto mais rápido ela muda de mãos, menos valor tem. Nós temos sido poupados da inflação graças ao euro. A Grécia está a salvo da inflação enquanto permanecer na zona do euro. Um retorno à dracma seria fatal.

O euro não é uma moeda à prova de inflação, mas é a moeda da maioria dos Estados da União Europeia, e dos Estados mais fortes (a começar pela Alemanha), e eles não têm intenção de cair na armadilha de Weimar uma segunda vez. Eles têm os instrumentos certos para mantê-la ao largo e os impõem a todos os demais. Entre esses instrumentos estão, indubitavelmente, um orçamento equilibrado, um teto para a taxa de juros, a redução da dívida pública e a consequente diminuição da circulação de dinheiro. O nome disso é política "deflacionária" (muito diferente das teorias de Keynes, adotadas para resolver a crise de 1929), e, à nossa custa, estamos sofrendo suas consequências.

Infelizmente, se essa condição não for corrigida, ela vai gerar outros problemas, numa desastrosa reação em cadeia. Redundâncias privam as famílias de poder de compra, queimam poupanças e diminuem o consumo, o que por sua vez se reflete no comércio e na produção. Tal situação abre o caminho para a estagnação, a mais temida faceta das crises econômicas, na qual o Estado e o governo, em vez de reduzir as fricções, investem na direção oposta e aumentam os impostos, o que só piora a situação.

Uma característica especial desta crise é sua duração. O tempo das "conjunturas" desfavoráveis, que podiam ser resolvidas num curto período, já passou. Agora, as crises – tão vagas e generalizadas por envolverem uma parte tão grande do planeta – levam éons para reverter a direção. Elas progridem muito lentamente, em contraste com a velocidade na qual todas as demais atividades humanas na realidade contemporânea de fato se movem. Todo e qualquer prognóstico de solução é continuamente atualizado e, em seguida, adiado para outra data. Parece que nunca vai acabar.

Quando uma crise acaba, outra, que nesse ínterim chegou roendo nossos calcanhares, entra em cena e toma seu lugar. Ou talvez se trate da mesma imensa crise que alimenta a si mesma e muda com o tempo, transformando e regenerando a si própria como uma entidade teratogênica monstruosa. Ela devora e muda o destino de milhões de pessoas, fazendo disso uma regra, e não uma exceção, tornando-se um hábito cotidiano com o qual temos de lidar, em vez de uma inconveniência inoportuna ocasional da qual nos vemos livre o mais rápido possível.

Viver em estado constante de crise não é agradável, mas pode ter um lado positivo, pois mantém os sentidos vigilantes e alertas, e nos prepara psicologicamente para o pior. Nós temos de aprender a viver em crise, assim como estamos resignados a viver com tantas adversidades endêmicas a nós impostas pela evolução dos tempos: poluição, barulho, corrupção e, acima de tudo, medo. O sentimento mais velho do mundo, que nos acompanha ao longo de uma realidade marcada pela insegurança.

Nós temos de nos habituar a conviver com a crise. Pois a crise está aqui para ficar.

ZYGMUNT BAUMAN: Tenho a impressão de que a ideia de "crise" tende hoje a deslocar-se de volta às suas origens médicas. Ela foi cunhada para denotar o momento no qual o futuro do paciente estava na balança, e o médico tinha de decidir que caminho tomar e que tratamento aplicar para levar o doente à convalescência. Falando de crise de qualquer natureza que seja, nós transmitimos em primeiro lugar o sentimento de *incerteza*, de nossa *ignorância* da direção que as questões estão prestes a tomar, e, secundariamente, do ímpeto de intervir: de *escolher* as medidas certas e *decidir* aplicá-las com presteza. Quando diagnosticamos uma situação de "crítica", é exatamente isso que queremos dizer, a conjunção de um diagnóstico e um chamado à ação. E permita-me acrescentar que há uma contradição endêmica aqui envolvida: afinal, a admissão do estado de *incerteza/ignorância* não prognostica exatamente a perspectiva de escolher as "medidas certas" e, assim, fazer as coisas andarem na direção desejada.

Porém, permita que eu me concentre – como há de ser a sua intenção, concluo – na crise econômica. Você começa nos lembrando dos horrores dos anos 1920-30, com os quais todos os tropeços sucessivos da economia tenderam desde então a ser comparados, e pergunta se a crise "pós-colapso do crédito" em andamento pode ser vista e descrita como uma reiteração daquele período, deitando assim alguma luz em seu resultado provável. Embora admita que haja numerosas semelhanças impressionantes entre as duas crises e suas manifestações (em primeiro lugar, e acima de tudo, desemprego maciço e sem perspectivas e desigualdade social galopante), eu sugiro que há, entretanto, uma diferença crucial entre as duas, que as distingue e torna a comparação de uma com a outra no mínimo questionável.

Embora horrorizadas pela visão de mercados fora de controle fazendo com que as fortunas evaporem junto com os locais de trabalho, enquanto levavam negócios viáveis à falência, as vítimas do colapso da bolsa no final dos anos 1920 tinham poucas dúvidas quanto a onde procurar resgate: no Estado, claro; num Estado *forte*, forte a ponto de ser capaz de *forçar* as circunstâncias gerais a coincidirem com sua vontade. As opiniões sobre a melhor saída para a difícil situação podem ter diferido, até consideravelmente, mas não havia desacordo sobre quem podia pôr a situação geral no caminho afinal escolhido: claro, o Estado, equipado com os recursos indispensáveis à tarefa: o *poder*, isto é, a capacidade de levar coisas a cabo, e a *política*, isto é, a habilidade de decidir como as coisas devem ser feitas.

Você mencionou com propriedade Keynes nesse contexto. Juntamente com o restante da opinião informada ou intuitiva da época, ele apostou na desenvoltura do Estado. Suas recomendações fizeram sentido à medida que os Estados "realmente existentes" foram capazes de reagir e de satisfazer as expectativas populares. Com efeito, as consequências do colapso estenderam até o limite o modelo pós-westfaliano de Estado munido de soberania absoluta e indivisível sobre seu território e tudo o que ele continha, mesmo sob formas tão variadas quanto as economias: soviética, administrada pelo Estado; alemã, regulamentada pelo Estado; e norte-americana, estimulada pelo Estado.

O modelo pós-westfaliano de Estado territorial onipotente (na maior parte dos casos, Estados-nação) saiu da guerra não só intato, mas expandido, reforçado e confiante de corresponder às ambições abrangentes do "Estado social" – um Estado que protege todos os seus cidadãos dos caprichos do destino, de desventuras individuais e do medo das humilhações sob todas as formas (medo de pobreza, exclusão e discriminação negativa, saúde deficiente, desemprego, falta de moradia, ignorância), que assombraram as gerações pré-guerra. O modelo do "Estado social" também foi adotado, mesmo que numa versão consideravelmente reduzida, pelos numerosos novos Estados e quase Estados emergentes em meio às ruínas dos impérios coloniais. Os "gloriosos trinta anos" que se seguiram foram marcados pela expectativa crescente de que todos os angustiantes problemas sociais fossem resolvidos e deixados para trás, e de que as memórias recorrentes de pobreza e desemprego em massa seriam sepultadas de uma vez por todas.

Nos anos 1970, entretanto, o progresso começou a parar de funcionar, confrontado com o desemprego crescente, a inflação aparentemente incontrolável e a incapacidade crescente dos Estados de cumprir sua promessa de cobertura abrangente. Aos poucos, ainda que de modo cada vez mais grave, os Estados manifestaram a incapacidade de cumprir suas promessas; aos poucos, mas em aparência de forma incontrolável, a fé e a confiança na potência do Estado começaram a se erodir. Funções antes reclamadas e ciosamente guardadas por Estados como monopólio seu, e amplamente consideradas pelo público e pelos formadores de opinião mais influentes obrigações e missão inegáveis dos Estados, de repente pareciam onerosas e vorazes de recursos demais para os Estados-nação suportarem. Peter Drucker declarou que as pessoas precisam, devem (e em breve terão de) abandonar as esperanças de salvação "vindas de cima" – do Estado ou da sociedade –, e o número de ouvidos ansiosos por absorver essa mensagem cresceu em ritmo acelerado. Na percepção popular, ajudada e encorajada pelo coro de uma parcela crescente do público instruído e formador de opinião, o Estado foi rebaixado da posição de motor mais poderoso do bem-estar universal àquela de obstáculo mais odioso, pérfido e prejudicial.

Tratava-se, então, de mais um divisor de águas na história da opinião pública? Tratava-se de mais um "interregno", ou, como diriam os franceses, de uma "ruptura" – um trecho de terreno subdefinido e subdeterminado, até então não visitado, inexplorado e não mapeado, que os velhos veículos confiáveis parecem ser incapazes de transpor, mesmo que os novos, adequados à tarefa, ainda precisem ser projetados, produzidos e postos na estrada? Sim, mas exatamente como durante a Grande Depressão dos anos 1920-30, os formadores de opinião, bem como círculos gradual mas regularmente crescentes do público em geral, afirmaram *saber* qual tipo de veículo era necessário para substituir os antigos – outrora confiáveis, mas cada vez mais enferrujados e vencidos, prontos para o ferro-velho. Uma vez mais, parecia óbvio que espécie de força poderosa estava destinada, era propensa e capaz de levar à saída da presente crise. Dessa vez, a confiança do público foi investida na "mão invisível do mercado". E decerto (tal como recomendado por Milton Friedman, Ronald Reagan, Margaret Thatcher e o grupo em rápida expansão de seus subalternos, aduladores e acólitos entusiastas, todos a desenterrar ativamente da cova do descrédito e do esquecimento os pronunciamentos de Adam Smith e a reciclá-los/reformá-los para uso público) nos poderes mágicos da ganância dos padeiros, em quem todos os que desejam pão fresco diariamente à mesa do café podem confiar. "Desregulamentação", "privatização", "subsidiarização" haveriam de alcançar aquilo que regulamentação, nacionalização e empreendimentos comunais dirigidos pelo Estado deixaram, de forma tão abominável, de obter. Funções do Estado tinham de ser e seriam deslocadas ("transferidas", "terceirizadas" e/ou "contratadas") para o mercado, esse espaço reconhecidamente "sem política"; ou deixadas sobre os ombros de indivíduos humanos, agora em tese capazes de suprir individualmente, conforme inspirados e postos em movimento por sua ganância, aquilo que não tinham conseguido produzir de modo coletivo, inspirados e movidos pelo espírito comunal.

Depois dos "gloriosos trinta" vieram os "opulentos trinta": os anos de orgia consumista e crescimento quase contínuo e aparentemente incessante dos índices do produto interno bruto (PIB) em toda parte. A aposta na ganância humana parecia estar honrando seus pagamentos. Seus lucros se tornaram visíveis muito antes que seus custos. Levou vinte e tantos anos para descobrirmos o que alimentava o milagre consumista: a descoberta, pelos bancos e pelas empresas emissoras de cartão de crédito, de uma vasta terra virgem a ser explorada – terra esta povoada por milhões de pessoas doutrinadas nos preceitos de uma "cultura de caderneta de poupança" e ainda escravas do mandamento puritano de resistir à tentação de gastar dinheiro que não foi ganho pelo trabalho.

E levou ainda mais uns anos para despertarmos para a sombria verdade de que os lucros inicialmente fabulosos dos investimentos em terras virgens logo perderiam o pique, atingiriam seus limites naturais e um dia cessariam de todo. Quando isso afinal aconteceu, a bolha estourou e a *fata morgana* radiante da opulência em perpétua alta se dissipou sob um céu encoberto de nuvens negras de redundância sem perspectiva, falências, renegociação infinita de dívidas, quedas drásticas de padrões de vida, ambições de vida minguantes – e, com toda probabilidade, de degradação social das classes autoconfiantes, impetuosas e em aparência ascendentes ao status de "precariado" indefeso e amedrontado.

Tratava-se, então, de mais uma crise de agência, de mais uma "ruptura" ou interregno? Sim, mas com uma diferença – e uma diferença fatídica e seminal. Como antes, os antigos veículos do progresso estão vencidos, prontos para o ferro-velho, mas não há nenhuma invenção promissora à vista na qual possamos reinvestir a esperança de tirar da encrenca todas as vítimas desorientadas. Depois da perda de confiança pública na sabedoria e na potência do Estado, agora é a vez da destreza da "mão invisível do mercado" perder sua credibilidade. Todas as velhas maneiras de levar as coisas a cabo estão desacreditadas, e as maneiras novas, na melhor das hipóteses, estão na prancheta de desenho ou em estágio de experimentação. Ninguém é capaz de jurar, de mão no peito, sobre a eficácia de nenhuma delas. Conscientes demais das esperanças malogradas, nenhum de nós tem alternativas potenciais em que apostar. A crise é um momento de decidir que procedimento adotar, mas o arsenal de experiências humanas parece não ter nenhuma estratégia confiável para se escolher.

Estamos dolorosamente conscientes – pelo menos por agora, e até que a memória humana, a memória seletiva demasiado humana, tenha cumprido o seu papel – de que, se deixado a seus próprios mecanismos, os mercados voltados para o lucro levam a catástrofes econômicas e sociais. Todavia, devemos – e, antes de tudo, podemos – retornar aos mecanismos outrora desdobrados, ainda que hoje não utilizados ou subutilizados, de supervisão, controle, regulação e administração pelo Estado? Se *devemos*, essa é obviamente uma questão discutível. O que é quase certo, porém, é que *não podemos* – qualquer que seja a resposta que escolhamos para a pergunta anterior. Nós não podemos porque o Estado já não é mais o que era cem anos atrás nem o que então se esperava que ele se tornasse. Em sua condição presente, o Estado não dispõe dos meios e recursos para realizar as tarefas que exigem a supervisão e o controle efetivos dos mercados, para não falar de sua regulação e administração.

A confiança na capacidade de realização do Estado se baseava na suposição de que ambas as condições para a gerência efetiva de realidades sociais – poder e política – estavam em suas mãos, supostamente o senhor soberano (exclusivo e indivisível) no interior de suas fronteiras: "poder" significando a capacidade de levar as coisas a cabo; e "política" significando a habilidade de decidir que coisas *devem ser* levadas a cabo e que coisas devem ser tratadas no âmbito global – onde já reside grande parte do poder efetivo de levar coisas a cabo – para serem assim evitadas ou desfeitas.

Hoje, porém, o Estado foi expropriado de uma parcela grande e crescente de seu antigo poder imputado ou genuíno (de levar coisas a cabo), o qual foi capturado por forças supraestatais (globais) que operam num "espaço de fluxos" (termo de Manuel Castells) politicamente incontrolável – haja vista o alcance efetivo das agências políticas sobreviventes não ter progredido além das fronteiras do Estado. Isso significa, pura e simplesmente, que finanças, capitais de investimento, mercados de trabalho e circulação de mercadorias estão agora além da responsabilidade e do alcance das únicas agências políticas disponíveis para cumprir a tarefa de supervisão e regulação. É a política cronicamente assolada pelo déficit de poder (e portanto também de coerção) que enfrenta o desafio de poderes emancipados do controle político.

Para resumir a longa história, a presente crise difere das suas precedentes históricas à medida que é vivida numa situação de *divórcio entre poder e política*. Esse divórcio resulta na *ausência de agências* capazes de fazer o que toda "crise", por definição, exige: escolher de que modo proceder e aplicar a terapia reclamada por essa escolha. Ao que parece, essa ausência vai continuar a paralisar a busca de solução viável até que poder e política, hoje divorciados, se casem de novo. Contudo, também parece que, sob condições de interdependência global, esse recasamento não é concebível no interior de um Estado, por maior e mais bem-sucedido que ele possa ser. Parece que agora estamos enfrentando a tarefa espantosa de elevar a política e suas apostas a uma altura inteiramente nova e sem precedentes.

Um estatismo sem Estado

CB: Em relação à saúde, a palavra "crise" foi usada no passado para indicar que o paciente estava numa condição grave e enfrentando a morte. Nesta altura, convocava-se uma junta – isto é, uma reunião de vários médicos – para debater que tratamento ministrar. "Junta" já não é mais uma palavra usada na língua do dia a dia, especialmente depois que o dr. House desmitificou os encontros de médicos, nos quais eles falam sobre tudo e tentam diferentes tratamentos para ver como o paciente reage. A noção de crise sofreu o mesmo rebaixamento em outros campos e "está em crise"; deslocou-se para o campo da psicologia, dizendo respeito ao estado de ânimo ou à condição existencial, bem como sentimental.

Talvez seja por isto que a definição de "crise" se adapte mal à situação em curso, a qual, pelo menos na esfera econômica, parece ser bastante estável. Existe o risco de o termo "crise" estar sendo usado deliberadamente para dar a impressão de que a condição que ora experimentamos só é temporária e que logo seremos capazes de superá-la, utilizando o tratamento apropriado.

A separação entre poder e política é uma das razões decisivas para a incapacidade do Estado de fazer escolhas apropriadas. Segundo Étienne Balibar, a fissura irreparável entre o local e o global produziu uma espécie de "estatismo sem Estado", que tem lugar através de uma "governança".² Isso produz o efeito paralisante que você descreveu, de um *sistema político* (representativo do povo e, portanto, democrático) no âmbito local, reduzido à gerência da administração de rotina, incapaz de assumir e resolver os problemas que o *poder global* (sem representação política e, portanto, fundamentalmente não democrático) impõe com frequência crescente.

As cidades contemporâneas são uma espécie de grande lata de lixo [metáfora de Bauman] em que os poderes globais jogam os problemas que criam para alguém solucionar. Por exemplo, a migração em massa é um fenômeno global causado por forças globais. Nenhum prefeito de nenhuma cidade do mundo realmente criou a migração em massa de pessoas em busca de pão, água limpa para beber e condições afins. As pessoas foram postas em movimento pelo impacto de forças globais, as quais as privam de seus meios de existência e as obrigam a deslocar-se ou morrer. Assim, trata-se de um problema imenso. No entanto, elas vão para Milão, elas vão para Módena, elas vão para Roma, elas vão para Paris, elas vão para Londres, e é o prefeito da Câmara Municipal da cidade que tem de lidar com a questão. O problema vem de fora, mas o problema tem de ser resolvido, para o melhor ou para o pior, no local.³

As decisões são tomadas em outra parte pelos poderes estabelecidos, que, como são supranacionais por sua própria natureza, não são instados a observar leis e regulamentos locais: eles estão livres de limitações de conveniência política, bem como de necessidades de natureza social, em nome da objetividade e de um princípio de equidade que não expressa a verdadeira justiça.

A separação entre os dois níveis, entre o global e o local, entre poder e política, teria continuado irresolvida e conflitante se o poder não tivesse tentado "interferir" na política – para recuperar a diferença, a distância entre os dois termos, e tentar padronizar seu comportamento. Ele interfere da única maneira possível, isto é, tomando *tout court* o lugar da política na gerência do local/nacional; e, onde isso não é possível, tomando decisões políticas adequadas com persuasão consistente e/ou subordinação. Com controle sobre a política, o poder global pode agora dominar avidamente a sociedade e obstar toda e qualquer resistência.

Balibar centra sua atenção numa forma de "governança" que substituiu as relações diretas tangíveis entre Estado e cidadão:

> A União Europeia ... é somente o fantasma de um Estado, pois não possui nenhum elemento realmente efetivo de identificação coletiva. ... Tal estrutura antecipa talvez a forma de sobrevivência da instituição estatal de cidadania, que está em nosso futuro e na verdade representaria, sob o nome de governança, uma forma de *estatismo sem Estado*.[4]

No tocante à política, o Estado restitui a "governança". A inconsistência de governos nacionais, sua incapacidade de adaptar-se a mudanças, responder aos novos requisitos organizacionais e prover as redes de segurança que o progresso da globalização exige, significa que a necessidade de participação comunitária, condição *sine qua non* de todo e qualquer tipo de sociedade civil, busca respostas satisfatórias em outro lugar. Respostas que nem sempre servem ao propósito, mas que podem ter sido suscitadas por emoções, ressentimentos e medos, ou mesmo por aquela *voluptas dolenti* que Étienne de la Boétie chamou de "servidão voluntária" (aquiescência e submissão servis a qualquer forma de poder). Em todo caso, elas questionam toda forma corrente de democracia, ou, na melhor hipótese, criam as condições para formas novas, antes desconhecidas, de representação democrática.

Respostas inconsistentes – porque na verdade não resolvem o problema em toda a sua complexidade – tomam sobretudo a forma de uma antipolítica, uma espécie de rejeição e náusea perante um relacionamento agora esgarçado. Antipolítica é um termo impreciso: formalmente, indica uma aversão da cidadania (não há menção ao povo, pois pressuporia um vínculo recíproco com o Estado soberano) à política em si mesma. Em vez de antipolítica, pode-se falar de "antipartidarismo", mas está claro para todos que o uso desse termo é bastante ambíguo e adequado ao sistema, transmitindo uma mensagem negativa e acusatória àqueles que praticam a "antipolítica". Porém, a antipolítica – conforme reconhecida por Balibar – resulta em populismo e nacionalismo, ambos perigosos e sujeitos aos mais devastadores desvios. Com frequência ela se mostra o prelúdio de regimes tirânicos e autoritários, como demonstra a história recente. Ela parte de uma rejeição da política ("a política é uma coisa suja") e, pela exaltação de figuras carismáticas capazes de atrair a atenção e a afeição das massas, logra justificar a ditadura do homem forte, o único que pode assumir a desencorajadora tarefa de endireitar as coisas. Sempre há um homem providencial pronto a intervir quando a relação entre o Estado e a cidadania está deteriorada.

O nacionalismo é anacrônico e míope. Regressar aos valores tradicionais, cerrar as fileiras e valorizar apenas o que é reconhecido localmente e territorialmente delimitado parece hoje um esforço fútil, em especial se pensarmos que é possível devolver o poder absoluto de decisão e gerência de diretrizes políticas a uma área local que tenha de lidar com a economia global. Como certos tipos de populismo, o nacionalismo hoje não vai além do drama de uma opereta tragicômica, exagerada pela mídia para entretenimento das massas, que com justeza estão muito aflitas.

A coisa mais perturbadora, porém, é o "estatismo sem Estado", rumo ao qual nos encaminhamos com ingênua indiferença. A "governança" tomou o lugar de um governo funcional, subordinado a uma relação de confiança com o público. Escondida por trás de uma massa cada vez mais confusa e impenetrável de burocracia, a "governança" gerencia a comunidade, que perdeu seu guardião estatal por uma delegação incoerente que resulta na ideia de "falsa democracia", pois carece de ambas as condições que tornam o "mandato" democrático: direção e controle políticos. Na verdade, ninguém estipula a orientação da política comunitária nem suas prioridades (não há programa com o qual fazer uma comparação); ninguém fiscaliza o trabalho da comunidade nem sua adesão à vontade e às intenções do povo. Confrontada por esta dupla lacuna, não é sequer possível falar de democracia, ao mesmo tempo que a governança solapa até a ameaçada noção de separação entre política e poder. Os dois temas se mostram distantes a ponto de se tornarem fragmentados, controversos e interferentes.

Quando o poder é administrado por mercados, por grupos financeiros, por forças supranacionais que escapam a todo e qualquer controle democrático, a política é um tema controverso e contencioso. Isso assume várias faces: há a política da comunidade europeia, condicionada pelos Estados e mercados mais fortes (que são capazes de implementar "suas" diretrizes por meio de lobbies); a política dos Estados-nação que não têm nenhum poder, mas que é perfeitamente autorreferencial e autoperpetuadora; uma política local que tem poder limitado e reduzido, apenas para gerir a situação existente, sem nenhuma chance de intervir na impenetrabilidade da "governança". Além de uma ampla gama de políticas sem nenhum poder ou de poderes sem nenhuma política, que são empregadas em organizações, instituições e serviços com autonomia conflitante.

Não se trata de uma adaptação às condições de crise nem de uma escolha ideológica, mas de uma mudança na natureza da "política". Uma forma real de "antipolítica" que neutraliza a dissensão, elimina todo e qualquer antagonismo real como medida preventiva e reduz os partidos políticos a competir uns com os outros em torno de problemas ilusórios cuja vocação é desviar a atenção do público dos problemas reais.

A antipolítica assegura a continuação do jogo político em curso entre os partidos, mas o priva de significado social, já que o cidadão é obrigado a cuidar do seu próprio bem-estar: o "Estado dirige e controla seus governados sem ser responsável por eles",[5] implementando uma espécie de "governança" neoliberal, que se revela uma técnica de governo indireta, mas não ineficaz.

Essa forma de autonomia dos partidos responde à ideologia neoliberal, que claramente se originou nos Estados Unidos, onde tem uma grande tradição e se mostra plenamente funcional no processo de "desmassificação". Na sociedade de massa, a necessidade de controle social estreito impôs um vínculo entre o Estado e o cidadão por meio da administração de serviços e da gerência direta de atividades que, por um lado, proviam segurança e, por outro, formavam um vínculo estreito de dependência no seio do qual era possível relaxar e ser levado pela corrente.

Se a sociedade de massa é o último estágio da modernidade, a sua melhor tentativa para manter o controle social diante das forças divergentes cada vez mais ameaçadoras que questionam a hegemonia, é evidente que, a partir do momento em que começa o processo de desmassificação, na pós-modernidade, o indivíduo é cada vez mais deixado à sua própria iniciativa.

Os laços entre o Estado e o cidadão são enfraquecidos, a sociedade perde coesão e se torna "líquida". Nas palavras de Eric J. Hobsbawm na epígrafe citada, ouvem-se ecos do fim do Estado e seu modo constitutivo.[6] A desmassificação sem dúvida é um processo de tomada de consciência da autonomia do indivíduo, mas também é um estado de isolamento e de solidão para o cidadão global, de perda dos vínculos sociais que a massa de algum modo assegurava.

A queda frenética do consumo é um sinal importante. Os "gloriosos trinta anos" (entre 1940 e 1970) e os "opulentos trinta anos" (entre 1970 e o final do século) experimentaram um período de entusiasmo do consumidor e de otimismo irresponsável; isso teve efeitos profundos no estilo de vida, na cultura e no comportamento do indivíduo (basta pensarmos no esplendor efêmero da "Nova Economia", na emergência do estilo "mauricinho/patricinha", na expansão dos mercados de bens móveis e imóveis).

Os "gloriosos trinta" e os "opulentos trinta" foram resultado da rápida evolução do Estado de bem-estar social e de uma confiança ilimitada na sua capacidade de assegurar bem-estar e segurança para todos; mas também de uma estratégia política (quando a política ainda tinha poder) que substituíra o totalitarismo de repressão violenta e intrusão na vida pessoal dos cidadãos pelo "totalitarismo do consumo", uma nova maneira de garantir o controle social com métodos menos agressivos, mas não menos eficazes.

À diferença do liberalismo clássico, que contemplava um modelo puramente de mercado, deixado à iniciativa privada e à livre competição sem nenhuma intervenção do Estado ("mais mercado, menos Estado"), o neoliberalismo se instala no próprio Estado. Wendy Brown argumenta que o neoliberalismo, em contraste com o liberalismo clássico, tende a empoderar cidadãos para transformá-los em empreendedores; por conseguinte, em estabelecer uma ética sem precedentes de "cálculo econômico", a qual se aplica a atividades em favor do público que antes o governo garantia.[7]

A prática do neoliberalismo submete as funções sociais do Estado ao cálculo econômico: uma prática não usual, que introduziu critérios de viabilidade nos serviços públicos, como se eles fossem empresas privadas, para ordenar os campos de educação, saúde, seguridade social, emprego, pesquisa científica, serviço público e segurança sob uma perspectiva econômica.

Consequentemente, o neoliberalismo retira a responsabilidade do Estado, fazendo-o renunciar às suas prerrogativas e avançar na direção de sua gradual privatização.

A perda de poder resulta num enfraquecimento das políticas econômicas, o que por sua vez se reflete nos serviços sociais. A crise do Estado se deve à presença desses dois elementos: incapacidade de tomar decisões concretas no âmbito econômico e, portanto, a incapacidade de prover serviços sociais adequados.

Um resultado disso é aperto fiscal, lançando mão de *desregulamentação-devolução* de prerrogativas institucionais, que são cada vez mais delegadas aos indivíduos: tudo isso para garantir a existência e a manutenção do aparato estatal e de seus privilégios, que se tornaram cada vez menos extensivos. Nessa etapa, o Estado em crise, em vez de ser provedor e garantidor de bem-estar público, tornou-se "um parasita" da população, preocupado apenas com a própria sobrevivência, exigindo cada vez mais e dando cada vez menos em troca.

As escolhas políticas feitas hoje, na ausência de um poder real para "consertar as coisas", parecem tão somente tapa-buracos visando à proteção de privilégios adquiridos: uma forma extrema de autodefesa, que evoca a imagem de estar preso numa casamata pesadamente blindada e equipada com todo conforto, enquanto Berlim está em chamas.

ZB: Permita-me começar a partir do ponto em que você parou. Tenho a impressão de que nenhuma "escolha" é feita nem certamente decisões são tomadas hoje pelos governos de Estado, a não ser quando são forçados a fazê-las ou tomá-las (ou pelo menos fingir que o fazem) por outros governos com mais recursos de países com mais recursos, ou por forças amorfas e anônimas não registradas na Constituição de nenhum Estado, e chamadas, de modo alternado, de "realidades do dia", "mercados mundiais", "decisão de investidores", ou apenas "Tina" (de *There is no alternative*, "Não há alternativa").*

Indecisão, prevaricação e procrastinação são hoje os nomes do jogo (mesmo quando envolve, como lamentavelmente acontece, matéria "confidencial"). Os governos são capazes, no máximo, do que chamamos de "arranjos" – acordos interinos que desde o começo não são convincentes nem destinados a durar; na melhor das hipóteses, espera-se/reza-se para que sobrevivam até o próximo encontro do Conselho da União Europeia, ou até a próxima abertura do pregão da bolsa de valores. Observe com que frequência resoluções anunciadas hoje são proclamadas (numa estranha inversão da sequência habitual de causas e efeitos, ou de decisões e suas consequências) e regulamentadas para se tornarem "válidas" e postas em prática vários anos depois, dando-lhes, por conseguinte, a opção de serem esquecidas nesse ínterim ou superadas por acontecimentos que ninguém pode prever – e de se tornarem, assim, retrospectivamente natimortas.

E há boas razões para a indecisão assumir o controle, em companhia dos seus "irmãos de desarmamento", os gabinetes antes ocupados – mas hoje vazios – por planejadores, estrategistas, projetistas, comandantes e outras variedades de tomadores ardorosos de decisão. Uma das mais seminais dessas razões é

---

* Bordão usado pela primeira-ministra conservadora Margaret Thatcher, que compreendia não haver alternativa ao liberalismo econômico e que mercados livres e globalização capitalista eram a melhor perspectiva para o desenvolvimento social; hoje é retomado criticamente, chamado de *argumento* Tina ou Síndrome Tina. (N.T.)

o "duplo compromisso" no qual os governos da hora se encontram invariavelmente nos países democráticos. Todos eles estão expostos a duas pressões contraditórias cujas demandas são, com mais frequência, impossíveis de reconciliar. Duas pressões significam que os governos têm de olhar em duas direções opostas ao mesmo tempo, lidar com elas mesmo tendo pouca esperança de granjear sua aprovação, tendo em vista o caráter meio-termo e inescapavelmente aguado de suas resoluções. Dada a distância que separa os lugares de onde emanam as duas pressões, olhar para os dois lados provavelmente resulta muito mais em piscadelas que em compromissos aceitáveis. O efeito deste duplo compromisso não é muito diferente daquele de uma camisa de força. Em ambos os casos, o resultado, se não a intenção, decerto é idêntico: incapacitação – limitação de movimentos, em particular dos movimentos feitos com o objetivo de gerar compromisso para com a sua própria iniciativa, para com os propósitos de sua própria escolha.

As duas pressões em questão vêm, respectivamente: de eleitores que sejam capazes tanto de pôr governos em exercício quanto de tirá-los; de forças que já sejam globalizadas, livres para flutuar com pouca ou nenhuma restrição no "espaço de fluxos" extraterritorial sem política e capazes de tirar proveito das vantagens dessa liberdade para frustrar e em última análise tornar nula e vazia qualquer decisão tomada por qualquer governo de um Estado territorial, se a considerarem contrária, ou mesmo insuficientemente conforme, aos seus interesses. À diferença dos próprios governantes eleitos, as forças que os prendem a esse segundo vínculo do "duplo compromisso" não devem lealdade aos eleitores e não são obrigadas a ouvir suas queixas nem a ter o ânimo de sacrificar seus interesses para silenciá-las.

Uma das características definidoras da democracia é realizar eleições periódicas daqueles que estão no leme. Sob condição de as eleições não serem forjadas nem alcançadas mediante coerção ou ameaça, acredita-se que essas pessoas representem os interesses dos cidadãos – ou pelo menos o que eles afirmaram ser seu interesse na oportunidade da eleição. Todos os partidos políticos e todos os políticos concorrendo a uma eleição são obrigados a ouvir atentamente, em consequência, as vozes do povo, a fim de verificar se suas plataformas correspondem àquilo que os eleitores apoiam. Eles têm de formular seus programas e compor seus discursos eleitorais de uma maneira que esperam ser relevante para as inquietações e os postulados dos eleitores. Devem prometer estar atentos às inquietações e considerar seriamente a implementação dos postulados. Não obstante, isso é mais fácil de falar que de fazer, pelo menos de fazer de modo convincente: afinal, promessas eleitorais são sabidamente, quase rotineiramente, varridas para debaixo dos tapetes dos gabinetes pouco depois da celebração da vitória. Escolado a posteriori, o eleitorado se lembrará dessa experiência, e é provável que os políticos precisem continuar a fazer promessas, por maior que seja o risco de perderem as eleições três ou quatro anos depois.

A ideia de fronteiras territoriais de soberania presumida pela fórmula westfaliana, juntamente com o apêndice depois acrescentado de união natural ou divinamente abençoada entre nação e Estado, mais tarde foi exportada pelos *conquistadores* europeus para o restante do mundo; e também desdobrada no período do colonialismo europeu e aplicada nos postos avançados ultramarinos dos impérios eurocêntricos emergentes e florescentes, tanto quanto tinha sido originalmente praticada nas metrópoles europeias. Como traço duradouro da aventura colonialista europeia, a fórmula westfaliana – sobretudo na sua versão secularizada, ainda que em alguns casos em sua forma original – continua a ser, em nossa era pós-colonial, em teoria, senão na prática, o princípio organizador inviolável, universalmente obrigatório e poucas vezes – se é que foi – explicitamente contestado para a coabitação na Terra.

O problema é que ele também é falso, e cada dia mais. Suas premissas são ilusórias, seus postulados são irrealistas e suas recomendações programáticas são cada vez menos plausíveis. No curso do último meio século, o processo de desregulamentação originado, promovido e supervisionado pelos governos de Estado que aderiram de forma voluntária ou obrigatória à chamada "revolução neoliberal" resultou na separação crescente e na possibilidade cada vez maior de divórcio entre poder (isto é, a capacidade de levar coisas a cabo) e política (isto é, a habilidade de decidir que coisas são necessárias e devem ser feitas). Para todos os fins e propósitos práticos, grande parte do poder antes contido no interior das fronteiras do Estado-nação se evaporou e voou para a terra de ninguém do "espaço de fluxos", enquanto a política continuou, como antes, territorialmente fixada e restringida. O pacto entre poder e política, condição *sine qua non* de ações eficazes e mudanças significativas, foi na realidade separado em um poder livre de quase todos os controles políticos, exceto os mais rudimentares, e a política, sofrendo um déficit permanente e crescente de poder. Esse processo adquiriu todas as marcas de uma tendência autopropelida e autointensificadora. Seriamente despojado de poderes e continuando a se enfraquecer, os governos de Estado são compelidos a ceder, uma a uma, as funções outrora consideradas monopólio natural e inalienável dos órgãos políticos do Estado para os cuidados das forças já "desreguladas" do mercado, expulsando-as deste modo do reino da responsabilidade e da supervisão política; e quanto à tarefa de lidar com os efeitos socialmente adversos e potencialmente destrutivos da tendência endêmica do mercado à busca irrefreável de lucro às expensas de todos os demais valores, ela foi "subsidiarizada" ao que Anthony Giddens chamou de o "reino da política da vida" – um reino deixado à iniciativa, à engenhosidade, à força e aos recursos cronicamente inadequados do indivíduo.

Os dois processos paralelos de "contratar" algumas funções de Estado das forças do mercado enquanto "subsidiariza" muitas outras delas na "política da vida" resulta, entretanto, no declínio da confiança popular na capacidade dos governos de lidar efetivamente com as múltiplas ameaças às condições existenciais de seus cidadãos. Não se trata de julgar que um partido político ou outro fracassou no teste; acumulam-se indícios de que mudanças de guarda só desencadeiam mudanças mínimas, se é que desencadeiam alguma, nas políticas governamentais; e ainda incitam menos mudanças no volume das privações associadas à luta pela sobrevivência sob condições de incerteza aguda. As credenciais populares do próprio sistema da democracia representativa, desenhado, elaborado e estabelecido pelos construtores do Estado-nação moderno, estão se desintegrando. Os cidadãos acreditam cada vez menos que os governos sejam capazes de cumprir suas promessas.

Eles não estão errados. Uma das presunções tácitas, ainda que cruciais, da base da confiança na eficiência da democracia parlamentar é que os cidadãos decidem em eleições quem irá governar o país nos anos seguintes, e que o governo eleito tentará implementar suas políticas. O colapso recente da economia baseada no crédito deu à falência desse arranjo um relevo espetacular. Como observa John Gray, um dos mais perceptivos analistas das raízes da instabilidade mundial dos dias atuais, em seu prefácio à nova edição (2009) de *False Dawn: The Delusions of Global Capitalism*, ao se perguntar por que o colapso econômico recente não logrou aumentar a cooperação internacional, liberando, em vez disso, pressões centrífugas: "Governos estão entre as baixas da crise, e a lógica de cada um deles atuando para proteger seus cidadãos significa maior insegurança para todos."[8] Isso se dá porque "as piores ameaças ao gênero humano são globais em sua natureza", ao passo que "não há nenhuma perspectiva de qualquer acordo efetivo de governança global para lidar com elas".

Nossos problemas são produzidos globalmente, ao passo que os instrumentos de ação política legados pelos construtores do Estado-nação foram reduzidos à escala de serviços requeridos por Estados-nação *territoriais*. Eles se mostram, portanto, singularmente inadequados quando se trata de lidar com desafios *extraterritoriais* globais. Para nós, que continuamos a viver à sombra do arranjo westfaliano, eles são até hoje, ainda assim, os únicos instrumentos em que conseguimos pensar e para o qual estamos inclinados a nos voltar em momentos de crise, apesar de sua ruidosa insuficiência para garantir a soberania nacional, a condição *sine qua non* da viabilidade prática desse arranjo. O resultado ampla e previsivelmente observado é a frustração causada e fadada a se acirrar pela inadequação entre meios e fins. Resumindo, nossa crise atual é em primeiro lugar e acima de tudo uma *crise de agência*, embora em última análise seja uma *crise de soberania territorial*. Cada unidade territorial formalmente soberana pode hoje servir como depósito de lixo para problemas originados muito além do alcance de seus instrumentos de controle político, e há muito pouco que ela possa fazer para impedi-los, e muito menos preveni-los, considerando a quantidade de poder deixada à sua disposição. Tais unidades formalmente soberanas – com efeito, um número crescente delas – foram rebaixadas na prática à condição de distritos de polícia locais, em prontidão a fim de garantir um mínimo necessário de lei e ordem para um tráfego cujas idas e vindas elas não pretendem (nem são capazes de) controlar. Não importa a extensão da distância entre soberania *de jure* e soberania *de facto*, todas as unidades estão fadadas a buscar soluções *locais* para problemas *globalmente* engendrados, tarefa que transcende em muito a capacidade de todas, exceto o punhado das mais ricas e desenvoltas.

Uma vez presos num duplo compromisso, pouca escolha resta aos governos, a não ser rezar para que, antes de se anunciar a data da eleição seguinte, seu serviço obediente e leal ao "segundo compromisso" seja recompensado com uma montanha crescente de investimentos e contratos comerciais. E, o que é muito importante, isso também acontece com o "fator tudo bem", de comum acordo, conselheiro-chefe do povo na cabine eleitoral. Observemos, porém, que os sinais estão ficando mais complicados no terreno desse tipo de cálculo, deixando de funcionar como esperado. Não se trata apenas de os políticos eleitos deixarem de cumprir suas promessas; tampouco as "forças do segundo compromisso" (bolsas de valores, capitais itinerantes, investidores de risco e afins, chamados concisamente de "investidores mundiais" na linguagem politicamente correta de hoje) cumprem a sua parte segundo as expectativas dos políticos.

Não há nada, portanto, nem sequer um vislumbre de luz no fim do túnel, com que compensar a frustração do eleitorado e abrandar sua ira. A desconfiança e a indignação se espalham para todo o espectro político, exceto talvez os seus setores até aqui (mas até quando?) marginais, efêmeros e excêntricos, exigindo publicamente um fim para o regime democrático desacreditado e fracassado. Escolhas feitas na cabine eleitoral hoje são raras vezes motivadas pela confiança numa alternativa; cada vez mais, elas são resultado de mais uma frustração causada pelo trabalho remendado feito pelos empossados. Tornam-se cada vez mais raros os partidos capazes de ostentar que foram eleitos para mais de um mandato no poder.

Agora que as instituições do Estado-nação não são mais atores competentes prometendo marcar trilhas mais trafegáveis e consertar mais tolices dolorosas, que força, se é que existe, há de poder preencher o posto/papel de agente da mudança social? Essa pergunta é discutível e cada vez mais contenciosa. Não faltam incursões exploratórias. Há uma abundância de tentativas de encontrar novos instrumentos de ação coletiva que se adequem melhor ao cenário crescentemente globalizado que as ferramentas políticas forjadas e estabelecidas na era pós-westfaliana de construção nacional; instrumentos que tenham mais chances de satisfazer a vontade popular do que podem esperar recuperar os órgãos estatais ostensivamente "soberanos", espremidos em duplos compromissos. Essas surtidas de reconhecimento têm partido, com regularidade, de vários quadrantes da sociedade, em particular do "precariado", estrato que cresce depressa, que sorve e absorve o que quer que tenha restado do antigo proletariado industrial, juntamente com nacos sempre maiores das classes médias. Esse estrato se mantém até aqui "unido" apenas pela sensação de que passa a vida sobre areia movediça ou ao pé de um vulcão. O que torna a perspectiva de essas unidades de reconhecimento se consolidarem como força política séria, importante e durável, embora antes obscura, é que há pouco na condição social e nos interesses de seus participantes que os mantenha unidos e que possa inspirá-los a trabalhar juntos por tempo suficiente a fim de serem reciclados como ferramentas confiáveis, seguras e efetivas, aptas a substituir aquelas cuja inadequação para tarefas do presente e a indolência cada vez mais evidente desencadearam, antes de tudo, os experimentos presentes.

Um desses experimentos em curso, figurando de modo bem proeminente na produção da mídia pública, é um fenômeno que recebeu o rótulo de "Movimento dos Indignados", inspirado em experiências em rápida proliferação, ainda que diversificada, a partir da praça Tahrir e até a praça Taksim, passando pelo Parque Zuccotti. Harald Welzer[9] pode estar no caminho certo ao buscar as causas profundas desse fenômeno na compreensão crescente do público de que "as estratégias individualistas têm uma função essencialmente sedativa. O âmbito da política internacional só oferece a perspectiva de mudança num futuro distante, e, assim, a ação cultural é deixada para o nível *médio*, o nível da própria sociedade do indivíduo, e da questão democrática, de como as pessoas querem viver o futuro" – mesmo que em muitos casos, talvez a maioria deles, esse conhecimento seja antes subliminar e pobremente enunciado.

Estivessem Marx e Engels, aqueles dois rapazes de cabeça quente e pavio curto da Renânia, pensando hoje em escrever o seu *Manifesto* de quase duzentos anos, eles certamente poderiam partir de um comentário alterado: "Um fantasma ronda o planeta; o fantasma da indignação." Com efeito, abundam as razões para estar indignado. Pode-se, contudo, conjecturar que um denominador comum dos gatilhos originais bastante variados, e dos influxos ainda mais numerosos que eles atraem enquanto ganham publicidade, seja a premonição humilhante, "provocadora e negadora da autoestima e da dignidade", de ignorância (nenhuma ideia do que vai acontecer) e de impotência (nenhum meio de evitar que aconteça). Os velhos meios, em tese patentes, de lidar com os desafios da vida não funcionam mais, ao passo que não há novos à vista em parte alguma, ou eles existem em número abominavelmente ralo.

De uma maneira ou de outra, a indignação aí está, e nos indicaram uma maneira de descarregá-la, ainda que temporariamente: ir para as ruas e ocupá-las. O reservatório para recrutamento de potenciais ocupantes é enorme e cresce dia a dia. Agora que perderam a fé numa salvação vinda "de cima", como a conhecemos (isto é, de parlamentos e gabinetes governamentais), e estão procurando maneiras alternativas de levar as coisas certas a cabo, as pessoas vão para as ruas numa viagem de descoberta e de turnos de experimentação. Elas transformam as praças das cidades em laboratórios ao ar livre, nos quais as ferramentas de ação política que elas esperam corresponder à enormidade do desafio são esboçadas ou descobertas por acaso, postas em teste, talvez até passando por um batismo de fogo.

É com esse tipo de problema que se espera/aguarda/exige que a União Europeia lide e que finalmente resolva. Os problemas em questão têm um denominador comum: uma crise de agência, de confiança nas agências existentes, e, cada vez mais, de confiança popular nas virtudes da democracia e em seu poder de atração. A União Europeia é uma das tentativas hoje mais avançadas de encontrar, ou desenhar do começo ao fim, uma solução local para problemas globalmente produzidos.

A Europa, exatamente como o restante do planeta, é hoje um lixão para problemas e desafios globalmente engendrados. Contudo, à diferença do restante do planeta e quase unicamente, a União Europeia também é um laboratório em que as maneiras de confrontar esses desafios e atacar esses problemas são esboçadas, debatidas e testadas na prática, em base diária. Eu iria longe a ponto de sugerir que este é o único fator (talvez até exclusivo) que torna a Europa, seu dom e sua contribuição para os assuntos mundiais, significativa para o futuro do planeta, que enfrenta a perspectiva de uma segunda transformação seminal na história moderna da coabitação humana: a de um salto esmagadoramente laborioso, desta vez das "totalidades imaginadas" dos Estados-nação para a "totalidade imaginada" da espécie humana.

Nesse processo, ainda em sua fase inicial e precoce, e que deve continuar caso o planeta e seus habitantes sobrevivam, a União Europeia tem uma chance de realizar as tarefas conjuntas/combinadas de fazer uma surtida de reconhecimento, erguer uma estação intermediária e criar um posto avançado de fronteira. Não são tarefas fáceis e não têm nenhuma garantia de sucesso – assim como a maioria dos europeus, *hoi polloi* e também seus líderes, está fadada a confrontar o grande atrito entre prioridades conflitantes e escolhas difíceis. No entanto, como disse o presidente francês François Hollande em seu discurso em 14 de julho de 2013: "Política não é mágica, não é uma sacola de truques, mas uma questão de vontade, estratégia e coerência." Com certeza. E também a unificação europeia – e, através dela, o sonho bicentenário de Kant com a *allgemeine Vereinigung der Menschheit* ("unificação universal da humanidade").

J.M. Coetzee, um dos maiores filósofos vivos entre os romancistas e um dos romancistas mais consumados entre os filósofos, observou em seu *Diário de um ano ruim* que "não se formula a questão de por que a vida tem de ser comparada a uma corrida, ou por que as economias nacionais têm de competir uma com a outra em vez de sair juntas, em nome da saúde, para um trote camarada".[10] E ele acrescenta:

> Mas Deus certamente não fez o mercado – nem Deus nem o Espírito da História. E se nós, seres humanos, o fizemos, não podemos nós mesmos desfazer, e refazê-lo sob forma mais amigável? Por que o mundo tem de ser um anfiteatro de gladiadores do tipo matar ou morrer, em vez de, vamos supor, uma colmeia ou um formigueiro ativamente cooperativo?[11]

Essas são palavras simples, perguntas simples, não menos importantes e convincentes pela ausência de um argumento sofisticado cravejado de jargão acadêmico e mais preocupado em tirar uma casquinha do espírito dos mercados e marcar pontos que em chamar ao bom senso e estimular a razão humana a sacudir a inatividade e agir. Por quê? Deve-se ter em mente a pergunta de Coetzee sempre que tentarmos compreender a delicada situação da União Europeia, sempre que quisermos saber como nos metemos nisso e quais são, se houver, as saídas não trancadas para sempre. As necessidades de hoje nada mais são que restos sedimentados e petrificados das escolhas de ontem – exatamente como as escolhas de hoje originam as verdades emergentes de amanhã.

Estado e nação

CB: Antes de mergulharmos nas razões da crise do Estado, permita-me esclarecer o significado de "nação". A ideia de "nação" tem uma conotação cultural, e suas origens distantes são historicamente muito mais velhas que aquelas do Estado: ela ainda é reconhecível como nação mesmo quando suas fronteiras não foram demarcadas e, pelo menos formalmente, ainda não é um Estado com leis próprias. Uma população que seja reconhecida como nação se sente livre no território em que vive e não precisa estabelecer limites para a liberdade de movimento no interior do espaço que ela sente como seu.

Até hoje, um país só pode continuar a existir como um Estado que reforça a sua identidade e garante limites territoriais precisos, pois, enquanto a ideia de "nação" é um sentimento, o Estado – de forma mais pragmática – precisa de um território no qual se enraizar. Segundo Jürgen Habermas, por outro lado, a comunidade nacional não precede a comunidade política, mas é produto dela.[12] Uma afirmação que aceitamos em parte, se admitirmos que a ideia de nacionalidade só pode amadurecer no seio de um Estado (conforme declarou Massimo D'Azeglio, "Infelizmente, a Itália foi feita, mas os italianos não o serão"), o que, todavia, não leva em consideração a necessidade da presença de um núcleo de sentimento nacional (embora ainda não institucionalizado) sobre o qual construir um Estado.

Estado e nação andam juntos e sustentam um ao outro, mas algo começou a mudar nos anos 1970 e nas décadas subsequentes, correspondentes à dissolução da modernidade.

O antropólogo Arjun Appadurai foi o primeiro a relatar que o conceito de nação estava entrando em crise, pois a identidade cultural em si foi a primeira a ser prejudicada pela mudança em curso.[13] O que estava sendo colocado em dúvida era a ideia de comunidade nacional, baseada na mesma língua, nos mesmos costumes, na mesma religião, na mesma cultura.

A abertura de fronteiras é precedida por uma abertura cultural que perturba antigas certezas. A ideia de nação aguenta enquanto minorias linguísticas, religiosas ou políticas são "confinadas" temporária ou geograficamente em "enclaves", em guetos, campos de refugiados ou abrigos. Assim, quando as comunidades diaspóricas começam a ver reconhecidos os seus direitos de cidadãos plenamente habilitados e a exigir o reconhecimento de sua "diversidade" quanto à obrigação de se integrar (o caminho costumeiro para a igualdade), a "unidade" da nação começa a se desagregar.

Já nos anos 1990, Appadurai falava de Estados pós-nacionais, nos quais as comunidades diaspóricas não eram mais ocorrências ocasionais ou temporárias, mas duradouras e estruturadas em sistemas, parte integrante da cultura e da história do país. O termo "pósnacional" define melhor os conceitos anteriores de "multinacional" e "internacional", que continuam bem fortemente ligados à noção de dependência econômica, legal e prática em relação ao Estado de referência, até o sistema inteiro estar enfraquecido.

Nós vivemos num estado constante de crise, e essa crise também envolve o Estado moderno, cuja estrutura, funcionalidade e efetividade (inclusive o sistema de representação democrática) já não se ajustam mais aos tempos em que vivemos.

São muitas as questões críticas que confrontam o Estado moderno, e as causas são numerosas: algumas induzidas por mudanças históricas e culturais profundas, que tiveram lugar nos anos finais do século XX e na primeira década do terceiro milênio; outras por escolhas políticas e econômicas que produziram graves consequências na vida cotidiana das pessoas, exacerbando ainda mais sua distância das instituições.

Em primeiro lugar, deu-se a morte do modelo pós-westfaliano. Isso parece crucial para uma compreensão da condição presente, que se iniciou pela perda de significado desse modelo de equilíbrio entre Estados e perdurou por séculos como pedra angular das relações internacionais. Os Tratados de Westfália (Münster e Osnabrück) em 1648 (depois essencialmente reconfirmados pelo estatuto das Nações Unidas) estabeleceram alguns princípios básicos sobre os quais fundar os direitos e limites do Estado moderno, o novo sistema civil que nascera das cinzas do feudalismo e que Hobbes representou metaforicamente no Leviatã: uma forma de força monstruosa constituída por todos os homens que se reuniram e se reconheceram numa unidade superior.

Baseado no princípio da soberania limitada, o modelo pós-westfaliano reconhece no Estado moderno a soberania absoluta e indivisível sobre seu território e sua propriedade nas relações internacionais, dos quais ele é sujeito exclusivo.

Se, por um longo período, Estado e nação foram capazes de viver juntos, unidos nos âmbitos histórico e legal pela indissolubilidade dos princípios fundamentais que a modernidade garantia, foi graças ao acordo feito nos Tratados de Westfália, no término da longa guerra religiosa que dilacerara a Europa por trinta anos. Desde então, os Estados modernos, na forma que nós os conhecemos por séculos, padronizaram o chamado "modelo pós-westfaliano", que estabelece regras para a estabilidade universal e reconhece a plena soberania de um Estado no interior de suas próprias fronteiras.

No terceiro milênio, foi o próprio modelo pós-westfaliano que entrou em crise, arrastando consigo o Estado moderno, cuja própria crise desencadeou não só a abertura de fronteiras, mas também a incapacidade demonstrada de manter seus compromissos com os cidadãos. Nessa fase, são as fronteiras "internas" que criam problemas. Segurança, defesa de privilégios, identidade, reconhecimento e tradições culturais, que outrora coincidiam com as fronteiras do Estado pós-westfaliano, foram alterados e são agora incertos e líquidos. Já não são mais confiáveis.

A dissolução de limites geográficos ou temporais impostos às comunidades diaspóricas leva ao bem conhecido fenômeno da reviravolta: se eram as maiorias que, no passado, encerravam as minorias em "enclaves", hoje são essas mesmas maiorias que se fecham dentro de "comunidades confinadas", protegidas por guardas, controles eletrônicos e sistemas de segurança – zelosas da privacidade não mais assegurada do lado de fora.

Agora está claro como esse modelo entrou em crise com o desenvolvimento da globalização, cuja força explosiva extinguiu fronteiras entre Estados e minou toda e qualquer reivindicação de soberania absoluta. As consequências da globalização, porém, não se limitam ao solapamento das regras das relações internacionais; elas também levaram a uma sublevação adicional, tirando o poder dos Estados-nação e promovendo-o a um nível superior. Agora o poder está distante e disperso num plano global, e separado da política com a qual estivera até então intimamente ligado. O Leviatã de Hobbes, privado de seu braço operante, é reduzido a um corpo mutilado que chafurda em impotência. Ele se agita, argumenta e proclama, mas nada pode fazer, mesmo quando toma decisões graves, pois a face operacional é de responsabilidade de outros. Já não pertence mais a ele.

A separação entre política e poder é letal para o Estado moderno – em especial se for um Estado democrático, cuja Constituição prometeu aos cidadãos deixá-los tomar parte nas decisões comuns, que agora são tomadas por órgãos não democraticamente designados nem controlados a partir de baixo. A tragédia do Estado moderno reside em sua incapacidade de implementar no âmbito global decisões tomadas localmente. Por exemplo, os cidadãos elegem seus representantes para o Parlamento Europeu, o qual, por sua vez, elege comitês e subcomitês em que decisões executivas são tomadas pelos órgãos organizacionais máximos, formados com base numa série de variações institucionais cuja complexidade deveria ser uma garantia de imparcialidade e independência.

Se fosse apenas uma questão de burocracia, complicada pela presença de mais de um órgão, o sistema ainda conservaria alguma forma de democracia, apesar da inexistência de qualquer relação direta (não há *feedbacks* nem oportunidades para responder) entre os eleitores de um pequeno país europeu e o proponente de um regulamento comunitário. Contudo, o problema se torna ainda mais sério a partir do momento em que as decisões mais importantes nos âmbitos econômico, financeiro e do desenvolvimento não são tomadas por órgãos institucionais, como manda o sistema democrático, mesmo que seja uma rede bastante frouxa, mas por elites poderosas, holdings, multinacionais, lobbies e o chamado "mercado" – isto é, por um acúmulo de ações pessoais, consequências técnicas, reações emocionais, vontades políticas e interesses particulares que se sobrepõem de maneira bastante confusa e determinam o destino de milhões de pessoas sem nenhuma responsabilização. Tudo parece acontecer por ser assim que o mundo gira, e ninguém é capaz de se opor: não as pessoas que estão tomando as ruas, protestando, cuja única consequência, na melhor hipótese, é sintetizar uma opinião pública que, não fosse por isto, estaria distraída pelo excesso de informação; nem sequer o Estado-nação, que não tem nem nunca teve os instrumentos necessários para operar em escala global, uma vez que a questão jamais foi suscitada antes.

Além de serem físicas, políticas, legais e econômicas, em obediência ao modelo pós-westfaliano, as fronteiras sempre mantiveram um equilíbrio de forças e um relacionamento que hoje não existem mais.

A crise do Estado coincide com a crise do modelo pós-westfaliano, cujas certezas foram varridas pela abertura das fronteiras, por intercâmbios cada vez mais rápidos num âmbito global ou supranacional e, não menos, por uma cultura que não se restringe mais ao plano local, e é profundamente influenciada por sugestões, informações e comentários vindos de todas as partes do mundo. A aldeia global de McLuhan foi criada (ou está sendo criada) graças a permutas econômicas e culturais, mas às expensas dos sistemas estatais, que não se alinham mais com esses tempos de mudança.

Em toda parte onde o Estado busca manter sua identidade intocada, mesmo que apenas sua identidade cultural (semelhante àquela da nação), ele implode com violência. O fator desencadeante é sobretudo a informação e, por conseguinte, a consciência de que a mudança leva a novas necessidades.

As comunicações desenvolvem a imaginação e expandem o desejo. As novas tecnologias (telefonia móvel, internet, redes sociais) têm menos importância no desencadeamento dos processos libertários mais recentes (a partir da Primavera Árabe) que a informação, o conhecimento e a comparação com outras realidades. É o conhecimento que nos conscientiza de nossas diferenças em relação aos outros e produz desejo e ação. A tecnologia só proporciona os instrumentos necessários. A imaginação que desencadeia rebeliões é abastecida pela difusão ampla de novas tecnologias que nenhum Estado, mesmo aqueles determinados a manter a integridade de suas fronteiras, pode obstar. O uso de força é dispensável. Nenhum poder pode deter a imaginação quando ela é alimentada por conhecimento e comunicação.

Segundo um velho ditado, "saber é poder", e na política o conhecimento sempre foi crucial, em especial quando foi necessário tomar decisões causadoras de problemas para a população. Por essa razão, todos os movimentos libertários sempre insistiram na educação das classes sociais mais fracas, em combater a ignorância e, com isso, a incapacidade de acesso ao conhecimento.

Os governos buscaram novas alianças na economia, o que descobriram ser um instrumento infalível para permitir a continuação de seu exercício do poder. Os mercados, lugares virtuais – os *não lugares* segundo Marc Augé,[14] destituídos de territorialidade, impessoais e invisíveis – tornaram-se agora a arma máxima de um poder supranacional que não precisa mais do Estado para funcionar. A força desses poderes é inegável pela simples razão de eles terem sido separados do controle político, o qual de algum modo tinha que levar a população em conta e implementar uma forma de democracia – isto é, de "participação" na vida coletiva. Afastado da política, o poder, no sentido econômico, se desconectou de todo e qualquer viés ou limitação de atividade. Está livre para expressar toda a sua agressividade potencial na busca de seus objetivos primários, e é, por conseguinte, uma vantagem econômica.

Aqui também o conhecimento desempenha um papel importante. Conhecimento da economia, conhecimento dos mercados e de sua operação seriam essenciais para contrabalançar o poder. Mais uma vez, a força deste último se baseia na ignorância das pessoas: operações e decisões implementadas pelo governo para e em relação aos mercados são passivamente aceitas, num espírito de resignação que é muito semelhante ao fatalismo. Sem a possibilidade de responder ou criticar, não há nada além de protestos embotados e confusos.

O poder e a política, porém, não são dois mundos separados viajando em dois níveis diferentes, sem jamais se encontrar. Sua separação não se deve a incompatibilidade, intolerância e incompreensão. É uma separação de conveniência, por necessidades operacionais, exatamente como os casais que só estão formalmente separados por causa do imposto de renda. O poder e a política, unidos, andavam de mãos dadas quando o Estado era monarca absoluto e o modelo pós-westfaliano ainda vigia.

A separação enfraqueceu a política e a tornou "dependente" do poder supranacional, com o qual, contudo, ela manteve relações amigáveis para benefício mútuo. Na verdade, apesar de ter adquirido uma posição autônoma esmagadora, o poder necessita da política para realizar-se, para alcançar as comunidades mais remotas no planeta, onde possa afirmar seus imperativos econômicos. Sem a aquiescência da política, a tarefa seria muito mais difícil; o poder teria dificuldades para impor suas regras.

Como estamos lidando com um poder econômico, é preciso dizer que, para realizar seus propósitos, torna-se conveniente e apropriado aplicar os princípios econômicos mais liberais e competitivos, os princípios clássicos advogados por Adam Smith no século XVIII, nos termos dos quais a prática do *laissez-faire, laissez-passer*, referente ao movimento livre de bens, é perfeitamente harmônica com a lógica da globalização.

Nenhuma restrição, nenhum obstáculo ou direito aduaneiro na troca de produtos entre todos os países do mundo – isso sem falar no movimento de dinheiro, que representa o valor simbólico dos bens e é aceito em toda parte. Princípios liberais ou neoliberais –

porque adaptam os ensinamentos de Smith, Ricardo e seus seguidores às necessidades do mundo contemporâneo – são endossados pela maioria dos Estados ocidentais que estão sofrendo a crise do modelo de referência pós-westfaliano, e considera-se com subalternidade que sua aplicação seja a única saída da dissolução.

Esse comportamento de autopreservação revela todo o horror de uma perspectiva de inutilidade futura, a última – a única – chance de evitar tornar-se um balcão estatal de serviços sob encomenda para cidadãos, sem nenhuma possibilidade de decisão nem de controle. Para evitar o destino de tornar-se apenas um serviço público, sem poder e sem política, o Estado se agarra à única oportunidade proporcionada pelo poder econômico para manter um alto nível de função que justifique sua existência e aquela dos *grand commis*, os "grandes funcionários" que o animam e dele tiram seu sustento: adotar políticas neoliberais.

Essa operação faculta a recuperação de um certo controle sobre a população, apesar de resultar de decisões tomadas alhures, e das quais o Estado se torna arauto e intérprete no âmbito local.

Por conseguinte, os Estados são agora executores de um poder superior contra o qual não há oposição, ao qual, na verdade, convém submeter-se em nome da manutenção do statu quo. As consequências para a população – cotidianas, econômicas e sociais – não serão aqui tratadas, pois são fáceis de compreender e estão aí para que todos as vejam – todos os que vivam onde o neoliberalismo foi posto em prática. O fato é que, no total, a crise do modelo pós-westfaliano significou o cancelamento do Estado de bem-estar social e da maioria das promessas que a modernidade tinha feito a seus cidadãos.

As dificuldades de administração, a futilidade das medidas corretivas necessárias para lidar com uma emergência que não tem mais fim, são consequência disso. Todos tentam encontrar soluções locais (as únicas permitidas) para problemas globais, quando se impõem soluções globais. Para que o Estado volte a desempenhar sua plena função institucional, para que ele recupere o poder perdido para sua sucursal, a política, ele tem de ser um Estado global, capaz de intervir no plano adequado de autoridade.

Em vez de enfrentar esse problema, a tendência corrente em todas as nações ocidentais, em diferentes graus, é não o assumir. O resultado é uma espécie de "estatismo sem Estado", como define Balibar, o que é uma forma de "governança" indireta, que se exime de toda responsabilidade, transferindo sua obrigação para o indivíduo. Por trás dessa escolha, dessa resposta à crise do modelo pós-westfaliano, incapaz de encontrar um substituto acessível no momento, está a chamada "filosofia neoliberal", que, por natureza, é mais pragmática que ideológica, num mundo em que as falsas certezas da ideologia foram banidas por algum tempo. O neoliberalismo é quase uma decisão natural, o instrumento de autoproteção de um Estado que pretende agarrar firmemente as rédeas da democracia, que faz referência à democracia representativa, pelo menos formalmente, mesmo que tenha perdido o poder. Isso acontece porque o neoliberalismo, como o nome indica, nada tem de assertivo, repressivo ou intrusivo. Ele permite liberdade de movimento, mas delega a setores privados a maior parte das responsabilidades originais do Estado. Foi assim que chegamos a essa forma completamente nova e não usual de governo, sem responsabilidade final – quer dizer, um "Estado sem Estado", que é realmente pós-moderno, ou, antes, pós-pós-moderno.

ZB: O trabalho de Hobbes foi um dentre os numerosos esforços para dar fundamentos teóricos (combinados com legitimação ao mesmo tempo pragmática, funcional e ética) às novas habilitações e capacidades conferidas ao soberano pela fórmula *cuius regio eius religio* ("de quem é a região, siga-se dele a religião"), do arranjo westfaliano em duas fases – Augsburg (1555) e Osnabrück/Münster (1648). Entre esses esforços, pode-se argumentar razoavelmente que o mais influente foi, em seu tempo, *De la République, ou traité du gouvernement*, de Jean Bodin, publicado em 1576, quatro anos após o massacre da Noite de São Bartolomeu, que desencadeou a última e talvez mais sanguinária, devastadora e alarmante de uma série de guerras religiosas pós-Reforma.[15] Bodin proclamou "o poder absoluto e perpétuo de uma República", ao mesmo tempo que declarava, ao explicar o significado da natureza absoluta do poder nos Capítulos 8 e 10 do Livro I, que "o Príncipe soberano só presta contas a Deus". Embora continuasse a ser um católico fiel e, coerentemente, adversário e crítico da tendência protestante de buscar a validação do poder do Estado na autoridade do povo, ele era ao mesmo tempo um oponente vigoroso e áspero da interferência papal na integridade do poder do príncipe.

Intencionalmente ou não, Bodin, como Hobbes, pavimentou o caminho para separar as ideias de poder principesco e unção divina, caminho que afinal o levou a substituir *religio* por *natio* na fórmula westfaliana. Ao sugerir que o príncipe só responde a Deus, Bodin, como Hobbes, manobrava a fim de preservar para o príncipe a prerrogativa do tipo de soberania inalienável e indivisível antes conferida com exclusividade por desígnio divino, ao mesmo tempo que desgastava sua dependência em relação às comissões eclesiásticas de credo.

Todos os traços dos "t" foram postos e os "i" restantes foram pingados por Carl Schmitt, pontificando que "todos os conceitos significativos da teoria moderna do Estado são conceitos teológicos secularizados. ... O Deus onipotente tornou-se o legislador onipotente. ... A exceção em jurisprudência é análoga ao milagre em teologia".[16] Schmitt identificou que essa passagem de bastão se localiza no racionalismo do século XVIII, em particular no preceito de Rousseau de "imitar os decretos imutáveis da divindade" como ideal de vida legal do Estado (Schmitt cita com aprovação uma sugestão de 1902, de Emil Boutmy, de que "Rousseau aplica aos soberanos a ideia que os filósofos tinham de Deus: ele pode fazer tudo o que desejar, mas não pode desejar o infortúnio"); ou, recuando ainda mais, até Descartes, que escreveu numa carta a Mersenne: "Foi Deus quem estabeleceu as leis da natureza, exatamente como um rei estabelece leis em seu reino."[17]

É sintomático, bem como crucial, das noções modernas de Estado, de poder e de soberania que Schmitt tenha escolhido a equivalência entre *exceção legal* e *milagre* como argumento para rematar sua conclusão de que as três não passavam de variedades secularizadas de teologia. A presunção subjacente, tácita, embora indispensável, é que a substância do ato de propor ou criar leis é a seguinte: o critério de escolha está nas mãos do propositor ou autor, e em nenhum outro lugar; em última análise, foi a vontade de um e outro que fez toda a diferença entre a proposição ou o expediente de fato escolhido e a multidão de proposições ou expedientes possíveis – concebíveis, apesar de não implementados.

A prerrogativa de escolha se aplica das duas maneiras: o que foi feito pode ser desfeito; o que foi escolhido à vontade pode ser abandonado à vontade. O que foi soerguido ao status de norma universal obrigatória pode ser suspenso por um tempo, ou sua aplicação pode ser confinada a uma norma menos universalmente obrigatória. O propositor/autor pode escolher uma lei segundo sua vontade, e segundo sua vontade, e somente a sua vontade, pode abrir exceções à aplicação. É nessa aptidão do soberano, de não estar restringido pela norma que ele mesmo criou, na sua aptidão de fazer exceções, no seu direito e na sua capacidade de obrigar ou desobrigar, impor uma norma tanto quanto uma exceção à norma, que jaz a substância da soberania. Em última análise, "a ordem legal repousa sobre uma decisão, e não sobre uma norma".[18]

No final do dia, é o cancelamento/suspensão de uma norma que dá a prova conclusiva de soberania. Não é a prerrogativa de legislação e de fazer uma norma obrigatória que define a soberania do poder; a prova suprema da capacidade efetiva é a prerrogativa da escolha: manifestação da capacidade de *suspender* a lei, de *excluir* da lei – e, levando todos os aspectos em conta, de fazer *exceções* à norma. O governante é um soberano à medida que tem o poder de escolher entre as duas opções. Compromissos podem ser obrigatórios porque repousam sobre a lei natural, como sugeriu Jean Bodin; mas, em caso de emergência (por definição, uma condição "anormal", que impõe desafios anormais e demanda passos anormais), "cessa o vínculo com princípios naturais gerais", como Bodin também indicou.[19] Este foi, afinal, segundo a Santa Escritura, o expediente comum empregado sempre que a autoridade do Senhor foi questionada e posta em dúvida.

Quando Moisés, enviado em missão junto ao faraó, temeu que este negasse reconhecimento à origem divina da mensagem que trazia, o Senhor prometeu a seu mensageiro: "Estenderei a mão e ferirei o Egito com todas as maravilhas que farei no meio dele" (Êxodo 3:20-1). Com o propósito de "imitar os decretos *imutáveis* da divindade", o poder mundano – o soberano – tinha de demonstrar sua prerrogativa de tornar seus decretos *mutáveis*. Sem essa possibilidade, a prerrogativa de fazer decretos verdadeira e incondicionalmente imutáveis suportaria a soberania do soberano da mesma maneira que o nó corrediço suporta o enforcado. Foi o feito espetacular de *ignorar* a norma, não as pequenas tarefas enfadonhas para sustentar sua monotonia, que trouxe à luz – ocasional, mas memoravelmente – o poder indomável do soberano. Maquiavel nunca se cansou de lembrar a seu príncipe que seus feitos desse tipo tinham de ser repetidos várias vezes, para mantê-los sempre frescos na memória daqueles que ele governava. Assim como a prerrogativa de Deus de fazer milagres, a capacidade do príncipe de suspender leis e fazer exceções à regra o torna uma perpétua fonte de incertezas esmagadoras e incapacitantes para seus súditos. Podemos conjecturar que era isso mais ou menos o que Maquiavel tinha em mente ao instruir seu educando a contar e confiar mais no medo dos súditos que em seu amor.

Em seu estimulante estudo recém-publicado,[20] Ulrich Beck batizou Angela Merkel, chanceler alemã e grande mestra dos segredos e subterfúgios da política, de "Merkiavel": uma encarnação atualizada, com os poucos ajustes menores exigidos pelo palco recentemente remobiliado da impressionante/atemorizante aptidão do príncipe para violar a norma e a rotina, anulá-las e esvaziá-las, ao torná-las norma sui generis. A consciência de que a monotonia do normal pode ser rompida pelo príncipe a qualquer momento, e que a escolha desse momento está plena e verdadeiramente em poder do príncipe, e somente dele, não deve nunca se desvanecer na mente dos súditos. A capacidade do príncipe de contrariar a norma o situa à parte do restante do Universo, observando fielmente o conselho de Nicolau Maquiavel. "Merkel se posicionou", escreve Beck:

> entre os construtores da Europa e os adeptos ortodoxos do Estado-nação *sem* ficar de nenhum dos lados – ou, antes, ela deixa ambas as opções em aberto. ... O poder de Merkiavel é fundado na sua circunspeção, no seu desejo de não fazer *nada*. ... A estratégia de negar assistência – *não* fazer nada, não investir, não disponibilizar créditos nem fundos, ... a hesitação como meio de coerção –, este é o método de Merkiavel. Essa coerção não é uma incursão agressiva do dinheiro alemão, mas o oposto. É a ameaça de retirar, atrasar ou negar créditos.[21]

Eis o problema: coerção para rendição por meio de *ameaça de retirada*. Procrastinar, prevaricar, esconder as cartas, resistir a tomar decisões e consequentemente deixar as próprias mãos desatadas e as próprias intenções impenetráveis são meios recém-encontrados para manter os outros protagonistas confusos, na obscuridade, com as mãos algemadas e a capacidade de tomar decisões – e menos ainda fazê-las prevalecer – paralisada. Isso conserva as próprias opções abertas, ao mesmo tempo que fecha as opções dos outros; manter os próprios movimentos inescrutáveis e, por conseguinte, tornar os cálculos dos outros precoces ou natimortos, e de modo geral ineficazes. Feitas as contas, isso reconstrói a luta pelo acesso à tomada de decisão como um toma lá, dá cá, um jogo de soma zero.

Atribuir as táticas de Merkiavel à sua própria perspicácia, sutileza ou habilidade, contudo, seria inconfortavelmente (e equivocadamente) quase negligenciar a floresta em que esse fenômeno particular é apenas uma das árvores mais comuns. A ameaça de retirada e de abandono do jogo, enquanto deixa os outros jogadores cozinhando em seus próprios caldos, tornou-se uma das estratégias mais empregadas e, a maioria concordaria, mais efetivas de dominação – estratégia que não é confinada somente ao jogo da política nem a uma só escola de pensamento na arte da luta pelo poder. Ela tem suas raízes na atual quebra unilateral da dependência antes recíproca entre o dominante e o dominado.

Enquanto a reciprocidade da dependência entre patrões e mão de obra por eles contratada levava, mais cedo ou mais tarde – a longo prazo, se não a curto ou a médio – à mesa de negociação, a compromissos e acordos consensuais (mesmo que temporários), a dependência unilateral torna o consenso muitíssimo improvável, ao mesmo tempo que facilita decisões não consensuais unilaterais da parte dos patrões, agora não mais presos a um local e livres para mudar-se para outras partes do mundo. Movimentos de capital não são mais confinados às fronteiras dos Estados, a preferência da força de trabalho local e seu poder de barganha não precisam mais ser levados em conta – isso sem falar em exigências tais que possam comprometer os interesses dos patrões (ou dos acionistas) em deslocar-se para onde o melhor empreendimento, isto é, os mais altos lucros, possa se encontrar. Os autóctones tampouco precisam ser encarados como um "exército de reserva de mão de obra" ao qual os proprietários de capital necessariamente terão de recorrer se os negócios exigirem uma ampliação de investimentos. Assim, a necessidade de manter esses possíveis trabalhadores em boas condições (bem alimentados, vestidos, abrigados, educados e treinados) já não "faz sentido econômico" para um capital agora consciente de pertencer ao "espaço de fluxos" de Manuel Castells – um espaço eminentemente imune aos caprichos das políticas locais.

É a nova independência do capital vagueando no "espaço de fluxos" (que, à diferença do "espaço de lugares", não é fatiado em espaços politicamente separados e regiões que, claro, olham para dentro); um espaço repleto de oportunidades de lucro que os negócios errantes/flutuantes detestariam – e isso seria completamente improvável – negligenciar e se permitir perder; e que está por trás da retirada unilateral de apoio dos negócios a compromissos (antes "para além da esquerda e da direita") com o "Estado de bem-estar social"; e está por trás, também, da desigualdade global e intrassocial que hoje cresce a um ritmo não experimentado em nossa parte do mundo desde o século XIX. O presente estado do jogo promove competição encarniçada, egoísmo, divisões sociais e desigualdade com o mesmo vigor e a mesma lógica inatacável com que a condição de "dependência recíproca" gerou limitações à desigualdade social, fortalecimento de compromissos, alianças sólidas e duradouras, e, em resumo, solidariedade humana.

Tudo isso se aplica aos Estados-nação, tanto quanto às corporações de negócios. Não obstante, no caso de "*frau* Merkiavel" – que, afinal, extrai seu poder da liderança de uma entidade política territorialmente fixa –, a situação é um pouquinho diferente: a opção de ir para outro lugar se as coisas em casa ficarem quentes demais não está aberta para ela. Por mais dominante que a posição da Alemanha na Europa ainda possa se tornar, a dependência entre a Alemanha e a Europa continuará a ser recíproca. A Alemanha precisa da Europa e da unidade europeia tanto quanto os membros menos expeditos e mais fracos da União precisam de uma economia alemã forte e estável. Uma estratégia calculada para produzir mais incerteza, ansiedade e medo, a fim de obrigar os atores a uma postura de submissão ao monopólio que define o tom do seu pagador, tem seus limites intransponíveis; e sua transgressão se mostraria devastadora para os atores, mas também, em última análise, para o pagador.

A procrastinação não pode, portanto, ser estendida *ad infinitum*; a incerteza deve ser detida antes de levar a uma incapacitação total dos atores, e não deve permitir que nenhum dos participantes deixe (ou possa se dar ao luxo de deixar) a mesa de negociação; essa perspectiva é tão aterrorizante e inaceitável para Chipre e Grécia quanto para a Alemanha (e, com efeito, para a Grã-Bretanha, apesar das poses de Cameron, calculadas para aplacar as facções reacionárias e intolerantes de seu partido). Os mesmíssimos interesses empresariais que os governos em tese devem proteger e promover, em seu papel de delegacias locais de polícia encarregadas da lei e da ordem capitalista, não permitiriam que as coisas fossem tão longe.

Desse modo, os protagonistas e adversários de todos os matizes estão fadados a permanecer, queiram ou não, por intento ou à revelia, na companhia um do outro. Eles estão destinados a se encontrarem outra vez – amanhã, depois de amanhã, no final da presente rodada de negociações orçamentárias e no começo da próxima. Quem quer que ameace interpretar um enredo diferente cedo ou tarde seria pego em seu blefe.

Hobbes e o Leviatã

CB: No começo havia um monstro, Leviatã, uma presença sombria recalcada na consciência pública do mal. A imagem do Leviatã de Hobbes representa bem a perspectiva de composição do Estado moderno nutrida pelos habitantes do século XVII, que estavam cansados de viver num mundo governado por sorte, desordem e corrupção, cansados de guerras religiosas e de uma existência baseada na lei primordial da sobrevivência dos mais aptos. Mais importante, as pessoas estavam ávidas por desenvolver seus negócios num clima de equidade recíproca.

O Leviatã, como podemos ver na capa da edição original do livro, de 1651, é uma monstruosidade biológica que vem da tradição bíblica, seu corpo é formado por corpos de seres humanos – um pouco como os retratos de Arcimboldo, cujas feições são feitas de vários objetos arranjados de modo a criar a ilusão de ótica de formar um todo. Na verdade, as composições de Arcimboldo antecipam o gosto de uma época que parece sentir a necessidade de encontrar a unidade perdida, reunir e arranjar os vários segmentos da sociedade, usando-os segundo sua funcionalidade, para construir um equilíbrio que já não é mais natural, mas "humanizado"; isto é, que se inclina à necessidade do homem de unificar forças e sujeitar-se a leis que tornem possível a composição de uma sociedade civilizada.

Superando o conceito "natural" de sociedade, Hobbes enfatiza o caráter artificial de sua criação: "A arte vai ainda mais longe, imitando a obra Racional e mui excelente da Natureza, o *Homem*. Pois pela Arte é criado aquele grande Leviatã que se chama Comunidade, ou Estado (em latim *Civitas*), que não passa de um Homem Artificial."[22]

O Leviatã é, portanto, um todo composto por vários homens cuja tarefa é desempenhar todas as funções vitais necessárias; e cada um deles tem uma tarefa diferente, dependendo da posição na qual está situado; e o funcionamento do complexo "mecanismo" depende da uniformidade e da regularidade com a qual todos cumprem o seu dever. A regularidade do todo é assegurada pela cabeça (a "alma" do Leviatã), isto é, a vontade superior de um "soberano" que, como revela claramente a etimologia da palavra, "situa-se acima". Ele decide, dirige, incita e determina as ações do todo no interesse de cada um. Cada membro precisa adaptar-se a essa vontade superior, de outro modo, há risco de o sistema entrar em colapso.

Neste insight inovador e extraordinário sobre o Estado moderno, podemos encontrar a plena implementação do princípio de solidariedade social que está na base de todas as sociedades, embora a trivialidade do lema "um por todos, todos por um" seja sutilmente reinterpretada (com uma pequena modificação semiológica nem sempre compreendida), referindo-se menos ao indivíduo que à unidade do todo. Aquele que provê a todos, e que, por conseguinte, espera que todos participem de seu sustento (defesa ou desenvolvimento), é claramente o Estado. A nova entidade moderna possui força sobre-humana, muito maior que a das várias autoridades tradicionais do passado – ainda mais forte porque não depende de investidura divina, de hereditariedade do poder nem de imposição de força física, mas da vontade de todos. Ou pelo menos daquela da maioria, a qual introduz outra identificação, corolário da modernidade, que é a delegação do poder pelo mecanismo de representação coletiva, em geral denotada pelo termo "democracia representativa".

Apesar dessas considerações, está claro que o Estado moderno, desde o seu começo na figura do Leviatã, já continha em si uma forma de massificação, uma fonte significativa de repressão da autonomia individual, em contraste com a outorga de liberdade "econômica" para a classe média, que tinha permissão para empreender atividades produtivas e comerciais por sua própria conta e risco. Se essa contradição parece inexplicável e incoerente com a exigência de formar o conjunto do Leviatã, contudo ela pode ser legítima e, a seu próprio modo, coerente, quando o caráter classista da modernidade se torna aparente. Em outras palavras, todos aqueles (e são a vasta maioria) que não possuem a habilidade, a vontade e os meios para contribuir para o desenvolvimento econômico, cultural e cívico do Estado se limitam a cumprir seus deveres como cidadãos; isto é, levar a cabo as suas atividades em seus campos de competência, o que significa trabalhar juntos a fim de assegurar a força, a defesa, o sustento e todos os serviços necessários para a sobrevivência de todos e, portanto, também da minoria privilegiada. Sua contribuição é fundamental e, por essa razão, deve ser garantida a todo custo, seja por persuasão ou por força, para que o Estado – por intermédio de seus membros "ativos" (empreendedores, negociantes, intelectuais, líderes) – possa progredir.

Não é de surpreender que a política dos países mais industrializados – a Inglaterra em primeiro lugar – tenha sido realizar ações imediatas para mitigar a alienação social, voltadas para os pobres, os desabrigados e destituídos que se amontoavam à margem das cidades industriais. As várias "Leis para os Pobres", aprovadas sucessivamente entre os séculos XVI e XIX, estavam menos preocupadas em alimentá-los e cuidar deles num sentido de caridade cristã – como a Igreja tinha feito até então – que em reintegrá-los no processo de produção. Os pobres ganhavam a dignidade de um emprego não por desígnios humanitários, mas para um propósito social, de modo que pudessem contribuir para o avanço total de sua condição humilde, sem depender da comunidade; tanto assim que sua destinação, antes os asilos ou abrigos dilapidados geridos pelas paróquias, foi a fábrica, onde se exigia o trabalho obrigatório. Essa era uma forma barata de trabalho forçado que serviu para aumentar os lucros e abaixar os preços de produção da indústria emergente.

O progresso em si está nas mãos de poucos e no sacrifício de todos em nome do bem comum. A diferenciação social se estabelece assim, a princípio, na ideia de modernidade, da qual se alimenta, separando os "sacrificados", os condenados a desempenhar funções vitais para o Leviatã, dos que contribuem de alguma outra maneira, privilegiados pela oportunidade de viver uma vida melhor.

Obviamente, o princípio de democracia representativa descende de tudo isso. O grande número, apenas em virtude do dever fundamental que dele se exige de garantir a continuidade do Estado, só pode "delegar" seu poder de decisão a outros, mais experientes e dedicados a essa tarefa. Trata-se de uma democracia imperfeita, como observou Rousseau, que mal se faz distinguir da constituição do próprio Leviatã, baseada na rendição parcial da autonomia individual daqueles que são cidadãos do Estado e, por conseguinte, induzidos a cumprir seu dever e sua função sem questioná-los. O objetivo do Estado moderno é determinado em parte pelo questionamento desse princípio absoluto: a presunção de criticar a conduta do Executivo, a recusa a delegar poder individual a menos que ele possa ser monitorado, o pecado original da preponderância do eu, que põe em perigo o equilíbrio duramente alcançado três séculos antes.

O Estado é o grande aparelho regulatório das nações modernas. Ele foi estabelecido já no século XV, demonstrando desde logo sua capacidade de manter o controle das populações dispersas e sem identidade que emergiram do feudalismo. Thomas Hobbes antecipou o estabelecimento do Estado moderno em *Do Cidadão* (1642) e *Leviatã*, em que a multidão ("a turba dispersa") se torna uma população na união com o soberano, ao tornar-se subordinada ao seu poder unificador. O povo, com o soberano que o representa, torna-se uno. Contudo, ele abre mão parcialmente de sua autonomia e de suas prerrogativas de liberdade em favor da proteção proporcionada pelo Estado.

O Estado moderno foi criado em virtude desse contrato entre as massas e o soberano, com o qual elas formam uma unidade coesiva em que são capazes de se identificar. Os conceitos de nação, cultura e tradição são implantados de modo permanente, e o princípio de regionalização – isto é, o vínculo com o território que acomoda a propriedade privada, o centro dos interesses pessoais e da vida familiar – se afirma. Tudo isso – com o acréscimo de língua, tradições, religião e cultura comuns – ajuda a transformar a multidão, constituída por indivíduos, num corpo unido, compacto, que se torna um povo. Em troca da garantia de direitos legais, segurança, ordem e liberdade para negociar, o Estado moderno estabelece a obrigação explícita de pagar impostos e, implicitamente, exerce o controle social. Rude e formal em sua primeira aplicação, ele se tornou cada vez mais requintado com a instituição de arquivos e certidões de nascimento, morte, casamento e mudança de residência; registros de propriedade e de terra; documentação de vendas e heranças de propriedade; e licenças para comércio, produção e construção.

A opressão violenta de um Estado intrusivo foi depois substituída pelo condicionamento – embora não menos invasivo – do pensamento individual, tal como implementado pelo poder hipnótico da televisão e de outros meios de comunicação de massa, cuja forma de comunicação de cima para baixo – autoritária e persistente, de um para muitos, em mão única – confirmou ainda mais efetivamente a massificação e a validação da consciência. Theodor W. Adorno, com outros membros da Escola de Frankfurt, estava certo ao criticar com severidade o condicionamento levado a cabo pela cultura de massa (processo que ele chamou de "indústria cultural"), com a emergência de valores artísticos efêmeros, usados somente para sustentar o mercado.[23]

Assim, o Estado moderno nasceu como um órgão profundamente antidemocrático, um arranjo de cabresto que não podia ser negociado nem questionado. O soberano tinha poder absoluto de decisão que vinha de uma delegação do tipo "carta branca". Não há necessidade de mencionar as razões para a delegação. São aquelas já mencionadas quanto ao reconhecimento de direitos individuais e da propriedade privada, da liberdade de comerciar e de tomar medidas de forma oficial, bem como de usufruir dos serviços providos pelo Estado. Em retorno a esses benefícios, os cidadãos abrem mão de sua própria autoridade e autonomia, em troca de obrigações, como pagamento de impostos, serviço obrigatório em caso de guerra, obediência às leis e regulamentos impostos. Até esse ponto, não há democracia. Há somente um poder superior (o Estado moderno) com suas necessidades organizacionais e funcionais e suas capacidades de apoiar seus cidadãos e o soberano.

Isso não se dá do mesmo modo na democracia moderna. Enquanto em Hobbes há identidade entre soberano e Estado, é mais difícil identificar o Estado dentro do conjunto heterogêneo de representantes atuais. Aqui, representação é divisão; não existe mais apenas um soberano, mas uma ampla gama de delegados, dos quais o Estado democrático é formado. É mais fácil se identificar com um representante eleito que com uma variedade deles, que têm a tarefa de formar o Estado, até quando não fazem parte da maioria e combatem as decisões da maioria. Por outro lado, se todos os representantes são eles mesmos o Estado, isso em si justifica a dificuldade de distinguir um partido de outro, a maioria e a oposição. Ambas se movem dentro do mesmo sistema, ambas são o Estado, e a distinção ideológica que as caracterizaram até recentemente foi eliminada, apagada para sempre da história.

As coisas se complicam quando a introdução de processos democráticos despedaça o caráter absoluto da delegação implícita: o indivisível que tudo coleta. Necessidades democráticas pedem que a delegação implícita (se obtida por ato de força, por herança, por direito divino ou pela execução de acordos dinásticos) seja substituída pelo sufrágio, a eleição por maioria absoluta. Trata-se de uma inovação que não devemos subestimar, pois o soberano não é mais investido de autoridade suprema por uma lei superior, mas pela vontade do povo, isto é, a partir de baixo. Em razão de representar o Estado, a unidade nacional, é necessário ter a aprovação da maioria da população.

O Estado republicano nasceu. E não importa se o voto é direto ou indireto, por a eleição de um grupo de representantes que será responsável pela eleição do presidente da República. Embora o presidente da República (como em muitos países, inclusive a Itália) possa ser somente uma figura de garantia, responsável por supervisionar a conformidade com a Constituição e nomear o chefe de Estado, o princípio continua o mesmo: a delegação é absoluta e não há direito de retirá-la, pelo menos não pelo período da legislatura.

ZB: A palavra hebraica "Leviatã" é traduzida na New English Bible (como decerto em seu uso no hebraico moderno) por "baleia". No Livro de Jó (40, 41), ela é referida por Deus como uma das provas vivas dos poderes criativos exclusivamente divinos, os quais Jó, em comum com todos os demais seres humanos, jamais poderá igualar, só contemplar e obedecer. Sobre o Leviatã, Deus pergunta a Jó (uma pergunta retórica, se é que era uma pergunta): "Serás capaz de passar-lhe um junco pelas narinas, ou perfurar-lhe as mandíbulas com um gancho? ... Fará uma aliança contigo para que faças dele o teu criado perpétuo? ... A tua esperança seria ilusória, pois somente vê-lo atemoriza." Dá para perceber o sarcasmo de Deus, desafiando Jó a realizar proezas obviamente além do poder humano e caçoando dele, um membro da raça humana, por sua insolência. Insolência unicamente humana, com certeza. O Leviatã expõe a pretensão e desnuda a futilidade dos sonhos humanos (eu repito, *unicamente* humanos) de dominar e subjugar o poder de algo que não é de sua criação e que ele não é capaz de controlar, menos ainda de forçá-lo à servidão.

Essa imagem bíblica particular inflamou a imaginação humana como poucas outras visões míticas, se é que alguma o conseguiu. Ela sofreu, ao longo do milênio, todos os tipos de operações de reciclagem, e, como Carl Schmitt resume em *Der Leviathan in der Staatslehre der Thomas Hobbes* (1938), a riqueza das suas interpretações teológicas e históricas é monstruosa. Contudo, como você observou corretamente, Carlo, a "monstruosidade biológica" foi investida por Hobbes de um novo significado, em vista de ajustá-la ao discurso sociopolítico que o autor tinha em mente. Essa novidade seria contemplada pelo desenho de capa da primeira edição, representando um imenso homem de armas composto por uma multidão de pequeninas figuras humanas (em outras palavras, um desenho "fractal", reiterando a mesma estrutura em níveis sucessivos da composição). O conceito envolvido no desenho, como Hobbes explica no Capítulo 17 do segundo livro ("Sobre o Estado"), é uma pessoa ou corpo imenso e poderoso – o Estado – nascido de reunião e permanência da união de um grupamento de indivíduos humanos, ao mesmo tempo que provê uma estrutura na qual sua convivência, a partir de então, é contida; embora, no final do Capítulo 28, o referente do "Leviatã" no título se restrinja à pessoa do "Governador" (*Rector*, em latim), o detentor do poder supremo, o distribuidor de recompensas e punições que sustentam o Estado como uma totalidade cimentada graças à sua unidade política. Assim, ele se torna parecido com o Leviatã sobre quem Deus opinou, que não tinha iguais entre os poderes mundanos.

Como sabemos, a outra figura mítica, a de Beemot, simboliza, na caixa de ferramentas de metáforas políticas de Hobbes, a outra força que o Leviatã confronta, luta para desarmar e submete: a saber, a força da anarquia, da rebelião e da inimizade destrutiva em todos os tempos embutida no "estado natural" dos seres humanos, a menos que o estado de natureza seja substituído ou submetido por um "estado artificial" personificado pelo Leviatã, essa força poderosa composta por muitos seres singulares, sem o qual eles ficariam dispersos, forçados a coexistir pacificamente. As mórbidas inclinações do ser humano nunca serão plenamente suprimidas, e é improvável que um dia se extingam; a sobreposição do Leviatã a Beemot não é uma tarefa única, é uma função a ser desempenhada com diligência para sempre, sem interrupção. O Leviatã é o único remédio contra o domínio (inevitavelmente fugaz, porque autodestrutivo) de Beemot – e por isso é a condição *sine qua non* da continuidade da existência humana sobre a Terra. Citando Thomas Carlyle, Schmitt reduz a condição humana a uma fórmula simples: anarquia mais polícia.

Para expressar tudo isso em idioma moderno: um corpo político está exposto e permanece constantemente sob a ameaça de ser dilacerado por uma força centrífuga de autoafirmação individualista e uma força centrípeta de disciplina imposta pelo Estado e administrada pelo Estado. As duas forças, contudo, são heterogênicas: a primeira é "natural" (não é de escolha humana, mesmo que seja feita por seres humanos), a segunda, "artificial" (além de ser feita pelo ser humano, também é uma escolha humana). Se compreendermos que o egocentrismo e a agressividade humanos são propensões inatas (biologicamente determinadas), a necessidade de lançar uma força centrípeta integradora para equilibrar suas pressões disruptivas é simples dedução, assim como a conclusão de que essa necessidade não é satisfeita por processos naturais e só pode – deve – ser imposta "a partir de fora", por meios coercitivos, violentos, se necessário.

A mensagem essencial do *Leviatã* continua até hoje parte integrante e talvez irremovível do senso comum ou da doxa, uma coleção de crenças com que pensamos, mas raramente pensamos nela. O papel primordial do Estado é impor a ordem; fracassar em fazê-lo torna-o "Estado fracassado" (note que um Estado não recebe o estigma de "fracassado" por nenhum outro motivo). Como alcançar esse propósito, essa, todavia, é uma questão contenciosa, como você, Carlo, corretamente indicou.

O Leviatã contemporâneo, o Estado moderno, foi definido por Max Weber com referência a seu monopólio dos meios e usos da coerção. Na prática, esse monopólio se reduz ao direito dos órgãos governantes do Estado – como quer que tenham sido escolhidos, se consolidado e legitimado o seu direito de impor disciplina a seus sujeitos – de definir a fronteira entre coerção (violência legítima) e violência (coerção ilegítima): a primeira é desdobrada da "manutenção da lei e da ordem", tarefa que inclui sobretudo a eliminação da segunda, classificada como atos de violência. Estes são ilegais e, por essa razão, são tidos como ruptura e solapamento da ordem. O direito de estabelecer tal linha de demarcação, dividindo as aplicações de força em atos de coerção legítima e de violência, perdura ao longo da história como a aposta primordial da luta pelo poder (político), bem como o principal atributo – essencialmente indivisível e inalienável – dos detentores do poder; por esse motivo, ele tende a ser, em geral, "essencialmente contestado".[24] A área na cercania dessa fronteira continua a ser um território de invasões reiteradas e, com lamentável frequência, batalhas sangrentas, bem como de surtidas de reconhecimento quase permanentes para explorar até onde os postos de fronteira podem avançar numa ou em outra direção (questão há pouco trazida à tona por decisões judiciais ardentemente contestadas no estado da Flórida).

Duas fugas do esquema das coisas conforme representado na relação amor-ódio entre Beemot e sua prole e o repressor Leviatã – fugas possivelmente seminais – estão ocorrendo neste momento. Uma diz respeito ao modo como o poder de Leviatã é exercido, e a segunda aos propósitos que seu exercício busca alcançar.

Joseph Nye distinguiu dois tipos de poder, o "duro" e o "brando", embora concentre sua atenção nas relações internacionais (ou, de modo mais exato, interessados).[25] Em sua forma geral, contudo, o conceito da variedade branda descrito por Nye como "levar os outros a querer os resultados que você quer" – um poder que "coopta as pessoas, em vez de coagi-las" – é plenamente aplicável à nossa área de interesse. De fato, pode-se suspeitar que Nye tenha deduzido a ideia de "poder brando", que ele recomenda aos líderes norte-americanos praticarem com mais energia do que antes no cenário global (isto é, um poder aplicado em atrair, seduzir e obter a cooperação voluntária de seus objetos humanos, em vez de obrigá-los a fazer o que eles preferem não praticar), de usos já muito mais comuns (ubíquos e diários) desse tipo de estratégia de poder não só por governos que buscam a obediência de seus cidadãos, mas também no mecanismo de reprodução da sociedade de consumo. Você já apontou acertadamente o papel crucial desempenhado, quando os Estados-nação foram confrontados com a tarefa de se legitimar, pela doutrinação ideológica (em particular, pelo estímulo e o reforço de toda uma gama de emoções, de patriotismos sentimentais benignos a extremos chauvinistas de nacionalismo, que resultam na autoidentificação dos cidadãos com o governo de seu país e na aceitação de uma atitude de "servidão voluntária").

Observe, por favor, contudo, que essa função, administrada e monitorada centralmente por governos durante a era de construção nacional, foi desde então (e com um número crescente de tarefas outrora guardadas com zelo pelos governos de Estados como propriedade exclusiva e sujeita a seu critério indivisível) "terceirizada" e "contratada" junto às forças de mercado; as quais são muito mais maduras na arte da doutrinação ideológica em sua reencarnação corrente de "produção de demanda" – na verdade, as forças de mercado são reconhecidas mestras na tentação e na sedução. A tarefa de manter motivos patrióticos sempre acesos ou reanimados foi relegada a agências privadas por trás dos espetáculos de aniversário ou de "grandes eventos" (como, bem recentemente, o nascimento de um bebê na terceira posição na linha de sucessão ao trono britânico); são espetáculos encenados para entretenimento de toda a nação, ou estão por trás de outros eventos liberadores de emoção, como as guerras regulares travadas contra estrangeiros e conduzidas por procuradores comerciais em campos de futebol ou quadras de tênis.

No entanto, a mudança para a variedade "branda" de poder a partir da cada vez mais evitada variedade "dura" (que é antiquada e também caríssima, à diferença de sua sucessora, que gera lucros) vai muito além de reformar as maneiras como as funções ortodoxas do Leviatã são manejadas. Já na ocasião de seu memorável estudo *La distinction* (1984),[26] Pierre Bourdieu registrou o trânsito decisivo de regulação normativa para sedução, bem como de policiamento para excitação do desejo – e, feitas as contas, de coerção para relações públicas. O foco geral do estudo de Bourdieu foi a prática nova, mas crescentemente disseminada, de escolhas voluntárias, em vez de coerção física ou econômica e pressão psicológica como principais recursos para obter condutas de acordo com intenções e objetivos estabelecidos. A liberdade de escolha, uma predisposição humana indevidamente negligenciada, embora natural, que não requer investimentos de capital, e uma faculdade autopropagadora de indivíduos autoassertivos, se mostrou suscetível de transformar desvantagem em ativo, risco dispendioso em recurso confiável; na contabilidade dos dias atuais, ela tende cada vez mais a ser registrada na coluna de créditos da planilha de cálculo, em vez de figurar entre os débitos, como ocorria sob o regime de "poder duro".

Um exemplo muito impressionante dessa tendência é o recrutamento de objetos humanos vigiados ou com perspectiva imediata de sê-lo, como agentes não pagos e voluntários de sua própria vigilância. Se os serviços secretos à moda antiga tinham de coletar informações sobre o paradeiro e o *modus operandi* de potenciais "elementos perigosos" que ameaçassem a lei e a ordem, com os préstimos solicitados para proteger com tremendo esforço e enorme custo para os cofres do Estado, hoje eles podem se limitar ao processamento digital de um enorme "banco de dados"; e esse cadastro jamais seria coletado sem a assistência voluntária e entusiástica de todo e qualquer potencial objeto de vigilância. Nós vivemos numa sociedade confessional, na qual, falando metaforicamente, microfones estão posicionados em confessionários, aqueles antigos santuários da privacidade e da intimidade, e conectados a alto-falantes instalados em praças públicas; embora também estejam ligados diretamente aos servidores que armazenam as confissões para uso simultâneo e/ou subsequente por uma quantidade desconhecida de processadores de informação num número desconhecido de agências coletoras de dados, com objetivos próprios, desconhecidos dos fornecedores de informação.

Por razões que tentei elencar em outros escritos, hoje estamos todos ansiosos para fornecer, por nossa própria iniciativa e às nossas próprias expensas, todos os detalhes dos nossos movimentos e ações já empreendidos ou pretendidos – informação que é de imediato acrescentada aos conteúdos dos servidores infinitamente espaçosos da "navegação em nuvem". O fato de essa informação estar estocada para ser guardada e usada a qualquer tempo contra nossos interesses é hoje um segredo de polichinelo; fato, contudo, que nem diminui nossa dedicação à autoespionagem nem reduz, para não falar em reverter, o fluxo de informação para os arquivos estocados nas agências de segurança do Leviatã.

Permita-me assinalar brevemente outra fuga seminal na relação Leviatã-Beemot. Como na sugestão de Jeremy Bentham, elevada até o nível de teoria geral do poder por Michel Foucault, a técnica de dominação do Leviatã sobre o endemicamente rebelde Beemot (rebelde, recordemo-nos, pelas predisposições anárquicas dos indivíduos humanos que o compõem) assumiu uma forma "pan-óptica": a redução máxima da gama de escolhas deixadas aos homens acerca do objeto de regulação normativa e controle comportamental, acoplada à vigilância incessante em nome da punição imediata de todo e qualquer desvio da rotina imposta. Entre as mais bem conhecidas, mais meticulosamente documentadas e mais debatidas manifestações do estilo pan-óptico de dominação e controle estavam as técnicas de medição de tempo e movimento projetadas por Frederick Taylor, ou as esteiras transportadoras da linha de montagem de Henry Ford.

A codificação das técnicas que se combinam na variedade pan-óptica de dominação e controle foi realizada por Max Weber em sua descrição da "burocracia" ideal-típica – um arranjo voltado para garantir a racionalidade das ações e da interação de todos os envolvidos. Esse tipo ideal se concentrava na eliminação, no processo de escolha de opções, de todo e qualquer fator considerado irrelevante para o objetivo ao qual se dedicasse uma dada organização burocrática, em particular de fatores tais como emoções, lealdades individuais, crenças pessoais e valores nutridos pelos empregados. Todas essas medidas resultavam num efeito semelhante àquele esperado do pan-óptico: substituição dos variados motivos e compromissos que guiam as escolhas humanas por uma hierarquia única de super e subordenação, costurada e selada por canais de comunicação eficientes e estritamente unidirecionais – com comandos manados do topo da burocracia para a base e relatórios absorvidos na direção oposta. O modelo ideal para a condução dos assuntos humanos não deixa nenhum espaço para a individualidade, nem para um indivíduo mais complexo e multifacetado que o papel para ele estabelecido na organização.

A nova filosofia e a nova prática gerenciais já não tratam mais esse modelo como ideal. A racionalidade, considera-se agora, não chega a ser uma receita perfeitamente segura de sucesso no mundo líquido moderno de contingências, volatilidade, fluidez, incerteza endêmica e alto risco. Examinar extensões de oportunidades vastas e sem fronteiras, que sempre mudam de tamanho e conteúdo e são conhecidas por seu hábito desconcertante de surgir com pouco ou nenhum aviso e de escapar ou desaparecer se não forem logo agarradas – num exame norteado por intuição, impulso e audácia, em vez de estudos de profundidade prolongados e sistemáticos –, parece muito mais promissor.

Apegar-se às regras, seguir critérios estabelecidos e restringir a visão ao campo estreito, delimitado e cercado definido a priori como "relevante para a tarefa", por outro lado, parece uma receita perfeita para o desastre. Se o saber da administração burocrática ortodoxa, que se fiava na estabilidade e na continuidade do ambiente e se apoiava, de modo correspondente, na produção e estrita observância de rotinas, pedia aprendizado e memorização, o saber da nova administração, que tem consciência de operar em circunstâncias voláteis e em essência imprevisíveis, pede questionamento perpétuo do conhecimento recebido, rejeição de rotinas, irregularidade e esquecimento. Iniciativa, imaginação, novidade e ousadia são as virtudes atuais. Que voltem a variedade e a peculiaridade do exílio ao qual a busca da racionalidade as sentenciou! Quanto a seus antônimos, uniformidade e conformidade, eles não são mais bem-vindos – é a vez deles de procurar o exílio.

Num tal ambiente, peculiaridades pessoais, incluindo idiossincrasias bizarras e inclassificáveis outrora banidas do escritório e que tiveram de ser deixadas no bengaleiro na entrada do prédio, passam a ser vistas como a mais preciosa das vantagens e o capital mais promissor e lucrativo. A busca de sucesso exige que elas sejam nutridas, não combatidas nem sufocadas. Asas devem ser abertas com mais envergadura, não cortadas. Já não são mais empregados e funcionários que seguem regras e realizam os gestos procurados, mas indivíduos autocontrolados, autônomos, autoconfiantes, impetuosos e não convencionais. O fenômeno da "individualidade", outrora visto com contrariedade e desconfiança, com uma mistura de menosprezo e medo, e, feitas as contas, tratado com suspeição, como ameaça à ordem das coisas, tem hoje novo lar na família dos recursos mais desejáveis e das mais louváveis e invejáveis qualidades. Na economia e no Estado, assim como na política da vida no cenário líquido moderno, a individualidade substitui a ordem, e a individualização demite a ordenação da agenda dos objetivos mais elevados e da lista dos interesses supremos.

É de se perguntar até que ponto a imagem hobbesiana de Leviatã versus Beemot conservou seu valor. Afinal, um atributo maior, quase definidor, imputado a Beemot era de ser um criador de desordem, agressão e anarquia, todas oriundas da natureza rebelde e egoísta dos seres humanos em sua condição de indivíduos, e não unidades ocupando o lugar designado num todo estruturado e hierarquicamente organizado e gerido (comunidade/sociedade, nação, Estado); ao passo que o atributo maior e definidor conferido a Leviatã era a missão e o seu engajamento cotidiano em submeter e manter sob controle o caos sempre emanante do conjunto de Beemot. No mais simples dos termos, a vocação e a *raison d'être* de Leviatã era a supressão da individualidade engendrada por Beemot.

E deixe-me mencionar brevemente mais uma fuga decisiva que sugere repensar a natureza da oposição Leviatã versus Beemot, ou Estado versus sociedade que a alegoria simboliza.

Em *A crise de legitimação no capitalismo tardio*, estudo publicado em 1973, no crepúsculo da sociedade de produtores, quando os primeiros sinais da aurora iminente da sociedade de consumo estavam despontando, célebre e memoravelmente Jürgen Habermas caracterizou o Estado capitalista como vocacionado para a reprodução contínua dos elementos essenciais com os quais a sociedade capitalista é construída e sempre reabastecida e revigorada no curso de sua autorreprodução.[27] Os blocos de construção essenciais são os encontros (regulares) entre capital e trabalho, que culminam na transação de comprar e vender. A função primordial do Estado capitalista, assevera Habermas – a função que faz dele um Estado *capitalista* (que serve à reprodução da sociedade em sua forma capitalista) –, é assegurar as condições necessárias para que tais encontros continuem a ocorrer. E as duas condições estreitamente conectadas que devem ser satisfeitas para eles acontecerem com regularidade e alcançarem seu propósito são que o capital seja capaz de pagar o preço do trabalho e que o trabalho posto à venda se encontre em condições adequadas para tornar a compra atraente para os capitalistas – seus compradores potenciais.

Hoje, porém, no fundo da sociedade de consumo, parece que a função do Estado capitalista é prover um "bloco de construção essencial" em tudo diferente do edifício capitalista, o qual há pouco substituiu seu predecessor, como descreve Habermas: o encontro do comprador com a mercadoria. As condições para a transação de compra/venda ocorrer com regularidade e frequência suficiente agora consistem em garantir que o comprador esteja em posição de pagar o preço da mercadoria oferecida, enquanto a mercadoria seja atraente o bastante para se candidatar àquele preço.

· 2 ·

Modernidade em crise

> O status do conhecimento é alterado à medida que as sociedades entram no que se conhece como era pós-industrial, e que as culturas entram no que se conhece como era pós-moderna.
>
> Jean-François Lyotard[1]

As promessas retiradas

Carlo Bordoni: A modernidade retirou suas promessas. A pós-modernidade as subestimou, até zombou delas, preenchendo o espaço com brilhos, imagens, cores e sons; substituiu substância por aparência e valores por participação.

A primeira promessa a ser retirada foi a ideia iluminista de segurança, propiciada pela perspectiva de controlar a natureza. As grandes certezas de uma tecnologia capaz de prevenir e evitar catástrofes naturais desabaram diante do fato de que a natureza não se deixa dobrar, além da ocorrência das chamadas "catástrofes morais" causadas pelo homem, frequentemente mais sérias que as naturais, numa espécie de competição de quem é mais qualificado no campo da destruição.

Depois do terremoto de Lisboa em 1755, o espírito da modernidade tentou subordinar desastres e sua imprevisibilidade ao poder da razão, por meio do trabalho de prevenção e sobre uma base científica.

"Pois mostrei aos homens como eles eram a causa de sua própria infelicidade e, em consequência, como poderiam evitá-la", escreve Rousseau a Voltaire em sua célebre carta sobre o desastre lisboeta, assentando as fundações de um novo espírito que dessacraliza a natureza, afastando-a da vontade de Deus e entregando-a às mãos do homem.[2] Desastres naturais são transformados em desastres morais, porque o homem se torna responsável por eles, pois tem à sua disposição os instrumentos que a ciência oferece para evitá-los. Não é mais uma questão de acaso. O que acontece nunca é imprevisível: trata-se sempre de falhas, incúria, incompetência e omissões que não preveniram as ocorrências.

É a incúria dos homens que torna as catástrofes *morais* e, portanto, evitáveis. Essa promessa, visão fascinante e libertadora de um mundo que emergia do fatalismo e do obscurantismo e parecia anunciar o domínio absoluto do homem sobre a natureza, estava destinada a fracassar miseravelmente com a crise da modernidade. Foi mais uma promessa mais traída do que retirada, considerando que quase três séculos depois, diante das ocorrências trágicas que rompem a Terra, cientistas e peritos em vulcanologia confessam que "é impossível prever os terremotos". Era também uma declaração de rendição à natureza, um passo atrás em relação a Rousseau e mais uma ferida mortal na ideia de progresso na qual a esperança de um mundo melhor estava baseada.

No entanto, esta não foi a única promessa a ser retirada. Outras sofreram o mesmo destino, ou estão prestes a fazê-lo, como a ideia de progresso como desenvolvimento contínuo, ligado a uma disponibilidade sempre maior de produtos e portanto de consumo – uma ideia otimista sobre a qual grande parte da pretensão de felicidade como sinônimo de ter, e não de ser, está baseada.

Hoje, a promessa suprema, arduamente adquirida após séculos de disputas sindicais, batalhas políticas e dispendiosas conquistas, está sendo questionada: a existência de um fiador social.

Isso envolve todas as medidas providas pelo Estado como parte do acordo recíproco geral com o cidadão, de salvaguardar sua saúde, seu direito ao trabalho, serviços essenciais, segurança social, aposentadoria e vida na velhice.

Com uma percepção de impotência, nós assistimos ao desmantelamento, peça por peça, dos nossos sistemas sociais ou de previdência, mas esse exemplo adicional de *desconstrução* resultante da modernidade não produz alarme disseminado. A indignação, a despeito da exortação de Stéphane Hessel, resta limitada, quase um problema pessoal, cercada pela indiferença generalizada de uma comunidade que está cada vez mais desnorteada e confusa, preocupada em sobreviver a uma crise temporária e salvando tudo o que pode ser salvo,[3] como numa economia de tempos de guerra, ou em estado de emergência, em que todo mundo pensa primeiro em si, pisoteando os outros e se agarrando ao salva-vidas mais próximo.

As garantias sociais que até poucas décadas atrás eram o sustentáculo da existência individual foram descontinuadas, rebaixadas e esvaziadas de sentido. A certeza de emprego foi questionada por contratos rescindíveis, acirrando o fenômeno da insegurança do emprego temporário. Cortes nos gastos públicos limitam os serviços essenciais, desde o direito à educação até o atendimento de saúde, cuja insuficiência afeta a qualidade, a rapidez e a adequação da assistência aos doentes crônicos, aos debilitados e aos menos capazes. A necessidade de *revisões de despesas*, para economizar – em oposição ao hábito prolongado de desperdiçar recursos, pelo qual o sistema político foi responsável em primeiro lugar –, põe em questão a legitimidade de direitos adquiridos, sancionados pela lei e pelo senso comum; inclusive a certeza de uma idade determinada de aposentadoria, o direito de receber subsídios de subsistência decentes e fundo de garantia para aqueles que trabalharam ao longo de toda uma vida. Tudo se tornou discutível, questionável, instável, destinado a perecer ou ser eliminado com uma canetada, em função de necessidades urgentes, problemas de orçamento e obediência a regulamentações europeias.

Por trás dessa filosofia da incerteza, por trás da liquidação do Estado de bem-estar social, que não afeta somente a Europa, mas é galopante em maior ou menor medida na escala global, jaz a crença neoliberal de que todos devem prover a si próprios, sem sobrecarregar os outros com suas necessidades e insuficiências.

Essa é uma atitude que nada tem de "social", que é indigna de qualquer grupo de pessoas que queira se autodesignar comunidade, e tem suas raízes numa concepção inicial da modernidade exaltada pelo burguês: o indivíduo livre de restrições e de influências (logo, *liberal*), capaz de trilhar seu próprio caminho (o homem que se faz por esforço próprio, o *self-made man*) para galgar a escala social e ter sucesso graças às suas próprias aptidões, ao seu comportamento impassível e à sua própria intuição pessoal. Essa é uma atitude de algum modo ainda visível na sociedade americana, onde até recentemente a assistência médica era considerada um "suplemento" reservado àqueles que podiam pagar planos de saúde privados.

Na lógica neoliberal, prevalece o princípio econômico segundo o qual toda ação, toda concessão, todo serviço deve produzir seu próprio lucro, cujo custo deve ser assumido por aqueles que o utilizam, e não distribuído por toda a comunidade, cuja única obrigação é contribuir coletivamente para manter o aparato de Estado. A aplicação estrita desse princípio rigoroso produz consequências desastrosas em termos de justiça social, como fica evidente nos lugares onde ele é adotado. Enquanto nos Estados Unidos, durante a administração Obama, inaugurou-se um processo para limitar os efeitos mais devastadores do neoliberalismo (começando com a assistência de saúde), na Europa podem-se sentir os primeiros golpes de uma política econômica inversa. É verdade que a tendência neoliberal das medidas já tomadas antes só se realizará plenamente quando as primeiras medidas de seguridade social expirarem – por exemplo, a diminuição das pensões, calculadas segundo a contribuição para o sistema ou o aumento da idade de aposentadoria –, mas hoje há sinais preocupantes e provas tangíveis de que os efeitos dos cortes progressivos já se fazem presentes.

O aspecto mais odioso dessa manobra, anunciada com a solenidade de pessoas corajosas tomando decisões corajosas para a salvação do mundo, é que essas decisões invariavelmente afetam os fracos, aqueles que não podem se defender e todas as pessoas que não têm outra escolha a não ser sofrer, porque a injustiça se encontra na generalidade e na totalidade das restrições, apesar de seu equilíbrio aparente e de sua aparente democracia. Parece haver uma contradição em termos, mas subtrair de todos na mesma medida (ou fazer mais pessoas pagarem mais, proporcionalmente) é um ato ostensivo de injustiça porque prejudica os mais desfavorecidos, os pobres e os necessitados. Se não for corrigido adequadamente, esse efeito perverso cria uma cisão na sociedade, separando as classes privilegiadas e a vasta maioria da população, que são as pessoas afetadas pela recessão.

Essa separação já existe e lentamente começa a mudar os hábitos, o consumo e o estilo de vida de milhões de pessoas. Não foi difícil ver que ela estava chegando. Não é difícil, agora, saber quais serão as consequências no futuro. Mesmo aqueles que teorizaram sobre isso, que estão aplicando suas teorias, escondendo a questão sob o rótulo de crise a ser superada, não são capazes de saber quais serão as consequências. Suspeita-se, portanto, que alguém queira que assim o seja: uma crise induzida, deliberadamente implementada para obter o resultado preciso que todos tememos.

Outro aspecto a ser considerado está relacionado à natureza temporária da crise, isto é, à sua singularidade, tal como é percebida por todos como um evento de duração limitada, que logo será deixado para trás sem muitos danos, graças às medidas drásticas tomadas para lidar com ela. Suportam-se melhor os sacrifícios se eles são de curta duração, se o objetivo e o desenlace são vislumbrados para o futuro próximo. Não obstante, crises, mesmo as induzidas, não podem mais ser consideradas temporárias. Elas representam um status permanente, endêmico, no mundo líquido. Na verdade, elas são o aspecto-chave exatamente por causa da ausência de estabilidade econômica e existencial que experimentamos. Por isso, assim como vivemos numa sociedade insegura, em que a incerteza prevalece, nós também vivemos num estado perpétuo de crise, dominado por repetidas tentativas de ajuste e adaptação que são continuamente questionadas.

Não há saída para a crise, jamais. Poderíamos dizer, para nos consolar, dar ordem à realidade que experimentamos e compreender sua inconveniência, que somos obrigados a enfrentar uma desafortunada série de crises que se sucedem, em vez de reconhecer que estamos imersos numa grande crise única, em consequência do fim da modernidade.

A crise em curso não está atingindo somente a Europa e não é somente econômica. Trata-se de uma crise profunda de transformação social e econômica, que tem suas raízes no passado. Ela vem de muito tempo atrás. Para compreendê-la e aceitá-la, nós temos de voltar às suas causas, ligando-as ao fim da modernidade e à dolorosa passagem por um período controverso de ajuste que foi definido como pós-modernidade. No entanto, os efeitos da perturbação memorável que mudou o homem e desajustou a sociedade moderna, a cujo modelo nós ainda nos agarramos angustiados, estão destinados a durar para sempre.

ZYGMUNT BAUMAN: Não tenho certeza se concordo inteiramente com sua tese de que a modernidade está abandonando (ou mesmo já abandonou) as suas promessas. O que você arrolou sob o cabeçalho "promessas" foram na verdade *estratégias* as quais se considerava/esperava/presumia que levassem ao cumprimento dessas promessas. As promessas, elas mesmas permaneceram extraordinariamente constantes, de modo surpreendente, imunes às ondas cruzadas da história, emergindo em grande parte intocadas de cada crise sucessiva de fé. O que foi abandonado (e muitas e muitas vezes) foram as estratégias favorecidas, assim como *modelos de "boa sociedade"* eventualmente concebidos para coroar o esforço de persegui-los de forma resoluta e fiel. O que também foi "abandonado", e a meu ver de maneira seminal, foram as *ilusões* juvenis da modernidade: a mais importante, a ilusão de que o fracasso de qualquer estratégia isolada, ou mesmo de um número infinito de estratégias, não constitui uma prova final da futilidade da promessa, e que uma estratégia segura será afinal encontrada, e toda evidência em contrário será apenas um soluço transitório e momentâneo causado pela ciência e seu braço prático, a tecnologia, atrasada em relação à tarefa em suas mãos. Essa convicção foi questionada, desgastada e completamente abandonada, ou pelo menos deixada de lado numa prateleira.

Poucas cabeças – se tanto – estão hoje ocupadas esboçando a planta da "boa sociedade", a estação suprema na longa estrada rumo à perfeição e última posição na guerra que, com toda a sua arrogância juvenil, a modernidade declarou contra a contingência, os acidentes, ambiguidades, ambivalências, incertezas; e, feitas todas as contas, contra a opacidade também irritante e humilhante do destino e das perspectivas humanas. Ocorreram duas mudanças nos tipos de estratégia que hoje têm probabilidade de se buscar e esboçar. Em primeiro lugar, elas não são mais abrangentes, não têm mais como alvo a forma total da sociedade; em vez disso, concentram-se no indivíduo e em partes individualmente monitoradas e controladas da ordem das coisas.

Isso não quer dizer que a era do pensamento utópico tenha acabado. Só quer dizer que as utopias originais elaboradas ao estilo do jardineiro foram em geral forçadas a sumir e foram substituídas por utopias ao estilo do caçador, oferecendo a visão de um nicho confortável e seguro, entalhado, cercado e "fechado" para deleite individual num mundo ainda (e por muito tempo, talvez ao infinito) enguiçado, mal controlado e totalmente inóspito. Em segundo lugar, tendo ficado alérgico a projetos radicais, porque totais e abrangentes, o espírito moderno agora segue a recomendação de Karl Popper, de representar o progresso "fragmentado", tomando uma coisa de cada vez, e, no que diz respeito a longas pontes, de não se preocupar em cruzá-las enquanto não tiver chegado a elas.

Então, sim, ilusões foram abandonadas (ou, mais precisamente, ideias outrora tidas como verdadeiras foram reclassificadas como ilusões), ao passo que as estratégias, que continuam a ser adotadas, abandonadas e substituídas (todas num ritmo que parece cada vez mais acelerado), mudaram seu escopo e seu caráter. Mas eu pararia nesse ponto: as *promessas* modernas ainda estão vivas e muito bem. Além disso, é graças à sua persistência e ao seu poder de atração/sedução que as estratégias desacreditadas e abandonadas são em geral substituídas com presteza por outras novas, cuja produção é contínua.

Há mais um ponto de discordância. Falando sobre promessas da modernidade, você sugere que a "pós-modernidade as subestimou, até zombou delas". Como quer que você chame o presente capítulo da história moderna – pós-modernidade, modernidade tardia, modernidade reflexiva, segunda modernidade, modernidade líquida ou qualquer outro dos muitos nomes até então sugeridos –, esse capítulo não conta uma história em que a promessa moderna está sendo minada e escarnecida; ao contrário, conta uma história em que ela é ressuscitada, reinventada, reencarnada, espanada e vestida num traje reciclado e revigorado, ou novinho em folha; e está sendo lançada num novo trilho, ajustado para veículos de alta velocidade. Chego à tentação de dizer que foi em nosso tempo que a promessa original da modernidade alcançou sua fruição mais plena.

As ambições da modernidade (e portanto também as promessas) foram de fato resumidas já em 1486 por Pico della Mirandola, um jovem de apenas 23 anos na época – como só poderia e deveria se esperar do profeta de uma nova era que ainda não estava à vista, embora já germinasse e acumulasse força além do horizonte. Essas promessas foram listadas em sua célebre "Oração", a qual estava destinada a inspirar o ensaio geral do Renascimento para a era moderna e, assim, também, indiretamente, algum tempo depois, ajudar no nascimento do espírito moderno. Permita-me mencionar mais uma vez as palavras tão citadas, as quais o jovem Pico pôs nos lábios – de quem mais? – do Todo-Poderoso, ao dirigir-se – a quem mais? – a Adão, o primeiro homem:

> Ele fez o homem uma criatura de natureza indeterminada e indiferente; e colocando-o no centro do mundo, disse-lhe: Adão, não te demos um lugar fixo para viver, nenhuma forma que te seja peculiar, nem qualquer função que seja somente tua. Segundo nossos desejos e nosso julgamento, tu terás tudo e fruirás de todos os lugares para viveres, todas as formas e todas as funções que escolheres para ti. Todas as outras coisas têm uma natureza limitada e fixa, prescrita e compulsória por nossas leis. Tu, sem nenhum limite e nenhuma obrigação, podes escolher por ti mesmo os limites e as

obrigações da tua natureza. Nós te colocamos no meio do mundo para que possas descortinar todas as coisas que nele existem. Não te fizemos nem de matéria celeste nem de matéria terrena, nem mortal nem imortal, para que, com liberdade de escolha e dignidade, tu possas modelar-te em todas as formas que escolheres. A ti é concedido o poder de degradar-te nas formas inferiores de vida, que são as brutas, e a ti é concedido o poder, contido no teu intelecto e no teu discernimento, de renascer nas formas superiores, que são divinas.

Pico considerou necessário acrescentar um punhado de palavras suas à mescla enunciada por Deus de promessa e mandamento: "Ó! A grande generosidade de Deus! A alegria do homem! Ao homem é permitido ser o que quer que ele próprio escolha!"

A promessa da modernidade (e, como ela foi invenção de Deus e decisão de Deus, tudo o que nela for prometido é veredicto sem direito de apelo) foi, para seguirmos o manifesto de Pico, a liberdade humana de criar-se e afirmar-se: os seres humanos são livres para escolher seu modo preferido de estar no mundo. Todas as formas estão à disponibilidade de todos. Nenhuma escolha é a priori excluída; pelo mandamento divino, ninguém foi lançado para além do alcance humano. Observe que o vaso cheio de escolhas não tem tampa, mas tampouco tem fundo. Ele inclui descer até o nível dos brutos, assim como a possibilidade de ascender ao plano do divino.

O gênio de Pico deduziu bastante cedo que não pode haver liberdade de autocriação sem a possibilidade de erro, e nenhuma oportunidade de sucesso sem o risco de derrota; verdade que seria questionada ou ignorada um par de séculos mais tarde pela jovem e impetuosa modernidade empreendedora, que buscou exorcizar o demônio do risco e espantar a mosca da incerteza do barril das liberdades; bem como realizar esse feito apresentando a marcha incessante do progresso, esse movimento unilinear que não pode ser deslocado do bom para o melhor, como não menos que predestinada e final – certamente obrigatória e irrevogável – como a própria liberdade de escolher. O progresso era assegurado de antemão e de forma irreversível, uma das ilusões destinadas a serem perdidas ou abandonadas no decurso da madureza da modernidade.

Não obstante, a visão de Pico dos tempos futuros parece menos ilusória para nós – sábios que somos, depois do fato, desencantados e amargurados – do que para a congregação da Igreja do Progresso nos séculos XVIII e XIX. Se alguma coisa na eulogia de Pico nos incita a franzir as sobrancelhas é seu entusiasmo genuíno pela venda casada chamada "liberdade", imperfeições incluídas, rematada pelos danos colaterais da libertação. Sempre que a questão da liberdade é debatida em nossa própria época, é possível esperarmos mais expressões de dúvidas, preocupações e premonições sombrias que de esperanças radiantes, isso para não falarmos das certezas de bênçãos e benefícios futuros.

Leia as mais recentes declarações de John Gray, resumindo o atual estado de espírito, expresso ou, por uma razão ou outra, oculto e relutante em mostrar-se abertamente: "Ao derrubar o tirano, as pessoas estão livres para tiranizar umas às outras"; "para pensar que a humanidade é amante da liberdade, você tem de estar pronto para encarar quase toda a história humana como um erro"; na opinião de Gray, os paladinos dos direitos humanos "estão convencidos de que o mundo inteiro ambiciona tornar-se como eles próprios pensam que são. ... A civilização liberal repousa sobre um sonho".[4]

Você pode acusar Gray de radicalizar demais sua crítica no sentido contrário – do otimismo sem nuvens à desesperança implacável e incessante, de uma fé constante e inabalável na natureza endemicamente progressiva da história a uma representação também constante e inequívoca da mesmíssima história como uma série interminável de coleios ziguezagueantes e pendulares entre os polos do bem e do mal. Contudo, não é tão fácil negar a agudeza da visão e da audição de Gray. Ele comete poucos erros, se é que os comete, quando se trata de localizar, demarcar e relatar os desvios e mudanças ora em curso no humor público, por mais precoces e deformados que eles ainda possam ser (por enquanto, e ninguém pode dizer por quanto tempo) ou ser considerados (se é que notados) pela opinião pública. Não se pode negar a coragem de Gray. É preciso um coração forte e nervos de aço para chamar as coisas pelos seus verdadeiros nomes, por mais que eles possam soar "politicamente incorretos". Além disso, não se pode imputar a Gray o pecado de viver "em estado de negação" quanto à promessa da modernidade. A direção para a qual as pessoas tendem a virar, e em número crescente, é rumo ao prosseguimento leal e à descendência legítima dessa promessa.

Pico fala com efusiva exaltação à visão da liberdade suprema que ele próprio, juntamente com seus contemporâneos, nunca teve a chance de experimentar em primeira mão. Sua visão amadureceu no tempo em que o *Ancien Régime* se dissipava lenta e inexoravelmente, e a catástrofe de Lisboa tinha acabado de acontecer; uma época em que cada prancha da estrutura familiar da existência humana estava apodrecendo e despencando pedaço a pedaço; em que tudo que era sólido desmanchava no ar, e tudo que era sagrado era profanado. A promessa moderna centrava-se numa segurança coletivamente proporcionada e guardada, em primeiro lugar, e na liberdade, com lamentável frequência num distante segundo lugar. Tratava-se, afinal, da promessa de substituir o caos pela ordem, a incerteza pela autoconfiança, a complexidade pela simplicidade, a opacidade pela transparência. Tratava-se de uma promessa de "livrar-se *de*" (dos caprichos da natureza, dos golpes do destino, da animosidade dos vizinhos), e não de uma promessa de "liberdade *para*" (alcançar "todos os lugares para viver, todas as formas e todas as funções que escolheres para ti", como Pico imaginou).

O denominador comum de ambas as versões – o fator de continuidade nessa descontinuidade – foi a promessa de pôr os negócios do mundo, inclusive a condição humana, sob administração humana, e, assim, sob o domínio da razão, este sinônimo de ordem. Foi necessário esperar mais um par de séculos para que Sigmund Freud proclamasse que a "civilização" (sinônimo de ordem construída e administrada pelo homem) é um compromisso entre segurança e liberdade; não uma cooperação entre eles, mas um toma lá, dá cá, um jogo de soma zero. É inteiramente improvável que esse conflito um dia se reduza até cessar; e, tendo prometido proporcionar segurança *e* liberdade, as duas condições *sine quibus non* para uma existência humana compassiva, a administração humana do mundo se mostrou capaz, como ocorrera em gerências anteriores, de suprir um *ou* outro – raramente os dois, e nunca em proporções bem equilibradas e consensuais. O que nem os apóstolos da liberdade nem os militantes da ordem compreenderam ou admitiram parece hoje quase óbvio: segurança e liberdade são tão suscetíveis de reconciliação duradoura quanto os desejos de possuir um bolo... e de comê-lo.

Transpirou, além disso, que os objetivos estabelecidos na agenda e o zelo com que os administradores da ordem os perseguem tendem a produzir resultados opostos àqueles abertamente proclamados. É do que perdemos ou acreditamos ter perdido que sentimos falta; e agora que mais e mais água correu sob as pontes, dissipa-se a memória das razões pelas quais se foi a qualidade perdida corrente abaixo. Os aspectos desagradáveis desta qualidade, que inspiraram e pressionaram nossos ancestrais a se livrar do peso morto, foram esquecidos ou, se não inteiramente esquecidos, pelo menos negligenciados a tal ponto que as paixões dos predecessores se tornaram quase incompreensíveis para os sucessores. Que importariam as inconveniências tão menores do passado, perguntam-se os últimos, quando comparadas com os horrores a que hoje estamos expostos? Por maior que seja o desconforto que essas inconveniências tenham causado, decerto era um preço que valia a pena pagar pelo que eles desfrutaram e nós já não temos, não é?

O ódio e o medo da liberdade e o ódio e o medo da ordem coercivamente imposta não são traços inatos da espécie humana nem "estão na natureza humana". Apenas aquilo que chamamos progresso não é um movimento linear "unidirecional", mas pendular, com sua energia extraída do desejo de liberdade (uma vez que comecemos a sentir que a segurança é excessiva, insuportavelmente intrusiva e opressiva) ou do desejo de segurança (quando começamos a sentir que a liberdade é um negócio excessiva e insuportavelmente arriscado, produzindo pouquíssimos vencedores e uma quantidade exacerbada de perdedores).

A história do último século e do século presente (até este momento) dá uma lição prática sobre essa regra. No fim do século XIX, as bibliotecas estavam lotadas de estudos eruditos escritos pelos Fukuyama da vez, reapresentando a história como longa marcha rumo à liberdade, terminada com um triunfo final e irreversível. Pouco depois, a civilização previdente, em tese indestrutível e estabelecida de uma vez por todas, se afogou no sangue que cobria os campos de batalha da Europa; e isso produziu desemprego e empobrecimento sem perspectiva para as massas, e falência coletiva para as classes médias, em cujas hortas choveram, mas de modo muito esparso, alguns poucos triunfos fugazes, logo perdidos pelos apostadores das bolsas de valores. Qual foi a reação? As classes despossuídas foram pulverizadas, transformando-se em massa, e ficaram ávidas por responder ao chamado dos salvadores autodesignados (de nações, raças ou classes) e marchar alegres e obedientes, com canções e tochas, para as prisões autoritárias que depressa seriam recicladas em acampamentos militares, enquanto a classe média dançava o auto de fé de suas tão caras liberdades.

Não obstante, sonhos de menos caos e mais ordem só sobreviveram ao seu prelúdio totalitário pelos "gloriosos trinta anos" de guerra declarada contra a miséria, o medo e a privação humana, sob as bandeiras do "Estado de bem-estar social" ou *État providence*. Passados esses anos, um chamado foi ouvido em ambas as margens do Atlântico, vindo das gerações incentivadas por terem crescido com seguros coletivos endossados comunitariamente contra infortúnios sofridos no plano individual. Elas se sentiam firmes sobre a sela e estavam armadas com a autoconfiança que seus pais não tiveram nenhuma chance de adquirir: "Volte, liberdade, tudo foi esquecido e perdoado." Mais ou menos outros trinta anos se passaram, e os prazeres das liberdades irrefreáveis se fizeram seguir pelas dores de cabeça e a náusea do dia seguinte: a necessidade de reembolsar retrospectivamente os custos exorbitantes da orgia consumista desencadeada pelo crédito e alimentada pelo crédito e por desemprego maciço, e mais uma vez sem perspectivas – tornado então ainda mais humilhante pela ostentação pública desavergonhada da desigualdade exorbitante: o 1% mais rico se apossa de 90% do valor nacional agregado.

O que vemos com clareza crescente ao olhar à nossa volta, e provavelmente o que inspirou John Gray a saltar com pressa indevida para suas conclusões generalizadas demais, é a paisagem depois de uma orgia. Seus "beneficiários transformados em vítimas" passaram a ver a liberdade como um criadouro de injustiças e horrores de inadequação, impotência e humilhação, à medida que se viram deixados às suas próprias defesas individualmente mantidas e insuficientes para lutar contra ameaças e misérias produzidas no plano coletivo. Eles também estão (e não surpreende) cada vez mais inclinados a ver como principais vilãs da peça as elites políticas do Estado, recalcitrantes e tendentes a dissimular o modo como realmente são, mantendo-se indiferentes, descomprometidas e omissas, do ponto de vista programático, lavando as mãos diante da miséria de seus cidadãos.

Essas elites (estejam hoje no poder ou na oposição aos líderes atuais) também parecem viver em outro planeta e falar uma língua alienígena. O que essa elite fala, se é que conseguimos compreender, diz respeito a uma realidade muitíssimo diferente daquela que as pessoas conhecem de primeira mão. Claro, os interesses da elite não são nossos interesses, as preocupações da elite não são nossas preocupações. Não é de admirar que, para um número crescente de cidadãos desprezados, a liberdade pareça sinistramente aquilo de que os ricos precisam para ficar mais ricos e empurrar os demais para o fundo de seu infortúnio.

Estaremos nos aproximando, pela segunda vez na história recente, de uma condição madura para ser explorada por demagogos que sejam ocos, iludidos e arrogantes o bastante para prometer um atalho para a felicidade; e para marcar a trilha de volta ao paraíso da segurança perdida, com a condição de renunciarmos às liberdades que já são abominadas e muito mal recebidas por seus possuidores, e assim também à nossa autodeterminação e à afirmação dos nossos direitos? É evidente que não faltam aventureiros ansiosos para fazer isso da profusão crescente e do volume montante de clamores do tipo: "Confiem em mim, sigam-me, e eu os salvarei da miséria em que vocês afundarão ainda mais do que hoje." A última novidade é que esses chamados (ainda poucos, mas quanto tempo isto vai durar?) vêm de gabinetes presidenciais e ministeriais.

Pelo menos por enquanto, essas tendências são evidentes e chocantes nos países pós-comunistas da Europa. E não há com que se admirar: a passagem da servidão total para a liberdade total (ou, da perspectiva dos que a administram, a passagem dos extremos de regulamentação para os extremos de desregulamentação) se deu nesses países de forma inesperada e com uma tremenda pressa, não deixando tempo para reflexão e readaptações. A passagem de um polo do eixo segurança-liberdade para outro foi aí comprimida em não mais que uma década. A imagem mais apurada do presente estado da Europa Centro-Oriental é uma paisagem de depois do choque sobreposta a uma paisagem de depois que foi suprimida a visão iminente da orgia consumista.

Saindo da modernidade

CB: Deixar a modernidade é traumático. E vai continuar a sê-lo por um longo tempo, pois ainda estamos atentos à sua resistência e ao desgaste do seu condicionamento.

Nós viemos da modernidade e achamos muito difícil nos desligar dela, pois ela representa uma fonte de certezas. Nosso *longo adeus* é prolongado pela tendência natural de todo homem a preferir o que é certo ao que é incerto, o conhecido ao desconhecido, a aceitar a condição preexistente em sua onerosa imutabilidade. Trata-se de estabilidade à custa de dependência – pois a causa fundamental da "servidão voluntária", isto é, a submissão ao poder, mesmo quando não exigida, segundo Étienne de la Boétie, é simplesmente o *hábito*.[5]

Essa atitude é bem representada pelo insight de Walter Benjamin, que, nos anos 1930, viu no *Angelus Novus* (obra de Paul Klee, de 1920) o símbolo da modernidade: um anjo partindo em voo de um mundo em ruínas e olhando para trás enquanto voa.

Governos e políticos não ajudam em nada, eles não podem nos mostrar que direção tomar. Eles próprios não compreendem, estão desorientados. Reagem de modo contraditório, às vezes pressionando em direções absurdas, rumo ao lugar onde enxergam um vislumbre de certeza e a oportunidade de recuperar o controle social que perderam. A iniciativa mais consistente é a tentativa de usar a economia e as finanças globais para estabilizar a situação de desassossego que eles percebem como ameaçadora, a fim de trazê-la de volta a um nível de controle, assim conduzindo a emergência do novo e do desconhecido para as trilhas do que já é conhecido e compreendido. É como levar a cabo, como eles dizem, uma operação para *reduzir complexidades*. Qualquer redução, porém, mesmo realizada com as boas intenções de engendrar ordem e clareza, é sempre algo forçado, uma traição da verdade.

Toda grande crise de transição – podemos vê-lo pela história passada – foi terrível para aqueles que a experimentaram. A outra possibilidade é observá-la em retrospecto, depois que tudo terminou, e tentar entender, apreciando sua positividade em relação ao desenvolvimento futuro, avaliando sua significância cultural, admirando a inteligência dos homens que foram capazes de entendê-la e fomentá-la.

Tentemos imaginar, por outro lado, como deve ter parecido o advento da modernidade para as pessoas que o viveram nos séculos XVII e XVIII. Erradicados de sua terra e obrigados a mudar-se para a periferia das cidades industriais, que transbordavam caoticamente subúrbio adentro; forçados a viver em choupanas sombrias e insalubres; reduzidos a trabalhar em fábricas que eram verdadeiras prisões, com horários desumanos e salários não suficientes para alimentar uma família. Eles foram submetidos a assédio, controles, punições econômicas e culturais, tratados como escravos, sem nenhuma maneira de escapar do sistema no qual se encontravam presos por necessidade e ignorância.

Para eles, era como viver um drama incompreensível, tendo de acreditar no intangível, tendo a ruína moral e econômica diante de si na ameaça da mecanização incipiente. A incerteza de um futuro que já não mostrava mais pontos de referência seguros; a mudança forçada do campo e novas regras de vida, percebidas como não naturais, violentas e desumanas. Eles experimentaram o desespero de assistir ao colapso de um mundo no qual tinham investido suas esperanças de vida, seus hábitos, seus desejos e seu sentido de realização. Tudo foi destruído por uma crise pior que uma guerra, pois, quando a guerra acaba, os remanescentes são reconstruídos com base no que existia antes, num esforço de voltar à normalidade, à vida de antes da guerra. A guerra é uma interrupção momentânea, ao passo que uma crise maior leva a uma mudança permanente. Não obstante, os homens e mulheres dos séculos XVII e XVIII deram vida a um período mais sólido, inovador, bem-sucedido e único na história humana, o qual estava destinado a produzir, nos séculos seguintes, muitas mudanças que seriam identificadas pelo termo "progresso".

A esse período nós demos o nome de modernidade, mas, para aqueles que sofreram a convulsão na época, aquele era o fim de um estado de equilíbrio, paz e felicidade. Hoje, nós estamos na mesma situação que aquelas pessoas, cuja única esperança estava na destruição das máquinas (para os ludditas) e no restabelecimento da ordem perdida – isto é, no retorno a um passado que eles consideravam melhor que o presente. Eles também viram a forte convulsão como um momento difícil pelo qual teriam de passar, e lidaram com isso com dentes cerrados, pagando com seu sangue e suas lágrimas, enquanto esperavam que tudo voltasse a ser como antes – se não para eles, pelo menos para seus filhos.

No entanto, o que eles experimentavam era uma verdadeira revolução, que levou a uma mudança duradoura e que, como tal, era definitiva. As perspectivas eram distintas; as escolhas, distintas; as regras do jogo, distintas. É por isso que as revoluções – no contexto da convulsão traumática que também estamos fadados a enfrentar – têm este aspecto tortuoso. Elas se prestam belamente às pessoas capazes de mudar as regras em benefício próprio. Entendimentos, promessas, concessões, acordos sindicais podem ser todos revogados em nome da crise; leis excepcionais podem limitar garantias de liberdade que antes eram ponto pacífico; medidas interinas podem cancelar da noite para o dia certezas econômicas em que gerações inteiras acreditaram.

Mais que qualquer outro período no passado, a modernidade se valeu de fundações sobre as quais construir suas próprias certezas, pois alimentava-se de certezas e de regras. O que queriam os modernistas na época de Hobbes, Locke e Spinoza? Eles reclamavam estabilidade, reconhecimento da propriedade privada e fronteiras nacionais seguras dentro das quais prosperar com a indústria e o comércio emergentes. A modernidade fez da industrialização o seu objetivo fundamental, tendo aprendido com o Renascimento a complexidade do comércio, pelo qual distribuir e implementar a produção.

A modernidade se materializou e se materializa com base na quantidade. Ela é dessacralizante (fiel a seu componente iluminista) e teria sido anti-histórica – visto que o Iluminismo abominou a história porque ela é portadora de tradições e, em consequência, de uma cultura irracional – não fosse pelo romantismo do século XIX, que recuperou a ideia de história para justificar o conceito de nação e sua unidade interna.

A raiz materialista se manteve sólida por mais de três séculos, acompanhou a evolução tecnológica e permeou a assustadora ideia de progresso, a qual, em si mesma, é uma ideia quantitativa; curiosamente, a ideia de progresso como impulso constante emergiu ao mesmo tempo que a industrialização e o mito do moto-perpétuo. O progresso é medido pela acumulação de produção, riqueza, consumo e conhecimento. Acima de tudo, fortuna e capacidade de produzir renda são seus valores fundamentais, desde que a abordagem mercenária que assegurou o estabelecimento da reforma protestante de Lutero e Calvino se consolidou. A graça de Deus é reconhecida em negócios bem-sucedidos. Entretanto, esta *liaison dangereuse* entre religião e poder, útil ao sucesso da ética burguesa, não sobreviveu além do profano século XVIII.

O projeto teológico da modernidade se transfere para o mundo terreno e, com um esperto *coup de théâtre*, promete felicidade instantânea aqui, tirando-a da religião, cuja felicidade era prometida na vida após a morte. Em vez de bênção e felicidade espiritual na eternidade, em troca de trabalho duro e vida sem pecado, a modernidade propõe uma retribuição imediata, material, quantificável e usável para a conduta honesta, trabalhadora, humilde e parcimoniosa.

Esse equilíbrio funcionou à perfeição, apesar de tensões sociais, crises econômicas e tendências subversivas que tentaram quebrar suas fundações. Nenhuma tentativa de subversão, revolução, reforma ou luta sindical jamais minou essas bases, que persistiram firmemente em seu lugar – a começar pelo direito ao trabalho. Elas se mantiveram até que algo começou a rachar por dentro.

Houve muitas razões para isso, e a crise da modernidade foi desencadeada pela combinação de vários fatores. Em primeiro lugar e acima de tudo, pelo contraste entre as condições dos trabalhadores e da classe dominante, a burguesia, que imediatamente experimentou melhorias significativas no caminho para o progresso, sustentadas por dados incontroversos e também estendidas à classe trabalhadora. Na verdade, mesmo nas primeiras informações histórico-econômicas que documentaram o avanço da Revolução Industrial, as condições de vida dos trabalhadores de fábrica são descritas como muito melhoradas: os trabalhadores estão mais bem-vestidos, usam sapatos e têm renda familiar ampliada. O único problema é que, comparada com a vida de pobreza no campo, sua qualidade de vida se deteriorou gravemente: obrigados a trabalhar de catorze a dezesseis horas por dia em condições de semiescravidão para se alimentar, obrigados a viver em cortiços lotados e insalubres, e a usar suas mulheres e crianças como força de trabalho. Uma existência terrível com a ilusão de um amanhã melhor, pelo menos para seus filhos.

Contudo, a promessa de felicidade no mundo terreno nunca foi retirada. À medida que o progresso avançava, as massas da população aos poucos foram compreendendo que a indústria se desenvolvia e que os mercados ofereciam bons salários.

Quanto às bases da modernidade, a transformação do trabalho no período pós-guerra mundial, a desmaterialização progressiva e a insegurança daí consequente desempenharam um papel-chave em seu abalo. Em seguida, a globalização, necessária para as multinacionais remendarem o problema da superprodução, acarretou, como uma espécie de efeito colateral, a eliminação de fronteiras e o esvaziamento das garantias sociais e da representação democrática, num processo que tem sido chamado de *separação entre poder e política*.

Podemos acrescentar a essa crise das bases da era moderna o aspecto cultural, ligado a ideologias e à desmassificação, que desfecharam um golpe mortal na modernidade.

Segundo Jean-François Lyotard, autor de *A condição pós-moderna*, a modernidade conclui sua jornada quando suas fundações ou as *grandes narrativas* se desintegram.[6] A estrutura da modernidade, que se desenvolveu a partir do feudalismo, construindo-se com as inovações produzidas pela Revolução Industrial, se baseia em vários *pilares*, entre os quais a ideologia desempenha o papel principal. A ideologia é a fundação cultural mais importante, pois sustenta a essência do moderno. Tudo que a modernidade representa aos nossos olhos está enraizado em valores do nosso tempo, na crença no progresso e nos princípios quase dogmáticos de liberdade e igualdade. A crença ideológica foi nossa líder espiritual durante três séculos de história.

A ideologia é a filha do Iluminismo. Introduzida para consolidar ideias, ela mina a priori o comportamento humano e facilita a interpretação da realidade de maneira acrítica. Em 1796, o filósofo francês Antoine-Louis-Claude Destutt de Tracy falou de ideologia como uma análise científica da faculdade do pensamento, em oposição à metafísica e à psicologia.[7] Se o homem é o que pensa, na visão iluminista de Destutt de Tracy, é possível criar uma sociedade diferente graças a ideias novas. Assim, a ideologia se torna uma metaciência, a ciência das ideias, a ciência de todas as ciências, mas também um padrão rígido no qual podemos ficar presos.

A estabilidade é essencial para a ideologia, é a sua segurança, a chave para a interpretação unívoca de uma realidade verdadeira, imutável e perfeita, porque oposta a todas as variantes injustas contra as quais lutou e contra as quais constantemente tem de se defender para evitar recuar ao obscurantismo. Estabilidade implica imutabilidade: ideologias são *per se* conservadoras, pois qualquer mudança poderia minar a estabilidade e as certezas adquiridas.

Livre de toda interpretação codificada, de todo viés interpretativo, a ideologia guiou e explicou tudo, da luta de classes ao autoritarismo. Em sua fúria cega, ela substituiu guerras de religião e se tornou "instrumento" justificado de morte, opressão, destruição e aniquilação do homem, tudo em nome de um benefício futuro presumido para a comunidade, a qual, todavia, muitas vezes se perdeu no caminho.

Os piores crimes da modernidade foram cometidos em nome da ideologia, dos expurgos stalinistas aos campos de concentração nazistas. Nos anos 1950, depois da morte de Stálin, houve quem ainda defendesse a resolução e o rigor ideológico das escolhas políticas dele, em oposição a outras ideologias, ocidentais e capitalistas, que estavam prontas para assumir seu lugar.

A violência baseada na ideologia é sempre justificada, pois pode ser explicada como defesa contra uma ameaça pior. O stalinismo conseguiu perdurar porque havia necessidade de impedir qualquer possibilidade de retorno do nazifascismo, de qualquer ressurgimento da extrema direita. O mesmo raciocínio se aplica aos sistemas que usaram qualquer tipo de limitação à liberdade, agressão e provocação de guerra para estancar a ameaça comunista.

Na modernidade tardia, a ideologia impôs uma visão de mundo pela violência, transformando-a em crença dogmática na qual confiar, cujos princípios não podiam ser questionados. Outrora combatida como perigosa desestabilizadora da ordem, depois adotada como meio de manter o poder, a ideologia acaba rejeitada pela sua incapacidade de sustentar esta mesma ordem. Pode-se dizer que os tempos deixaram a ideologia para trás, que ela se tornou um instrumento obsoleto, posto de lado, pois não é mais possível usá-la com proveito.

A crise da modernidade é realmente um *longo adeus*. Ela começou na segunda metade do século XX e prolongou-se, então, adentrando a pós-modernidade – fenômeno mais estético que filosófico e moral –, a qual se desintegrou em cinzas num período de trinta anos, mas não sem deixar seu oneroso legado. Se inicialmente a noção de pós-modernismo parecia uma solução desejável para a crise da modernidade, muitos observadores, como você, falaram de continuação da modernidade, ainda que sob forma degradada e *líquida*, em função das incertezas e da incapacidade do período de fixar-se em pontos de referência estáveis. Assim, a pós-modernidade, antes de ser uma evolução da própria modernidade, se presta a ser considerada o sinal de uma profunda crise ética, bem como da tentativa da modernidade de superá-la sem grande esforço.

Despojada de sua solidez e de suas certezas aparentemente inabaláveis, o que resta da modernidade nada tem de atraente. O *Angelus Novus* de Benjamin não deixa de pairar sobre ruínas, mas definitivamente está alçando voo, mesmo que a decisão de deixar este mundo o angustie.

ZB: Como você sabe que estamos deixando a modernidade? Como poderia alguém saber disso, compreendendo que coisas assim – começos e fins – não são conhecíveis pelos contemporâneos, pelas pessoas que as experimentam? O conceito de "Revolução Industrial" foi cunhado no terceiro quarto do século XIX, bem depois de ela ter começado (conforme hoje acreditamos) e talvez mais perto de sua conclusão que de sua origem. Hegel opinou que a coruja de Minerva, a deusa da sabedoria, abre as asas ao entardecer, ao final do dia, à noite que antecede outro dia, diferente de seu predecessor. Dizer que uma era ou uma época está acabando exige assumir um ponto de vista no futuro, quando "o fim" já tiver acontecido; e de lá olhar para trás – como fez o Anjo da História de Klee/Benjamin; em primeiro lugar, porém, nós homens não somos anjos; e, em segundo lugar, o anjo desenhado por Klee e analisado por Benjamin andava para trás, o cerne estando aí no fato de ele não poder ver para onde ia. Essa é uma razão – uma razão crucial – para questionarmos a validade da locução (injustificadamente) comum "modernidade tardia".

Como podemos saber que vivemos agora no período tardio – em vez, por exemplo, de inicial – da modernidade? Só nos é consentido usarmos a denominação "Antiguidade tardia" ou "Idade Média tardia" porque as duas eras terminaram há muito tempo, e a data de sua morte é (retrospectivamente, veja bem!) fixada, mesmo que com um quê de arbitrariedade; e observemos que essas datas foram assinaladas muito tempo depois do evento. As pessoas presentes ao funeral de uma era em geral não têm consciência de que estão num cemitério ou num crematório. Por outro lado, a história da opinião pública está cheia até a borda não só de (falsos) anúncios de novas alvoradas e novas eras, mas também de (falsos) obituários fadados a cair no esquecimento.

Lembra-se da expectativa mundial do fim do mundo em 2012? Nós vivemos num tempo em que proclamações de desfechos e o impulso de acrescentar o prefixo "pós" aos nomes de qualquer parte ou aspecto tornou-se hábito comum. Contudo, se isso prova algo, é o sentimento bastante disseminado de que as coisas estão mudando rápido demais para serem compreendidas, e de que elas resistem à ideia de serem captadas em pleno voo – assim como é muito mais provável que elas desapareçam do que apareçam e se estabeleçam. Nossa cultura é mais de esquecimento que de aprendizado, e a preocupação de jogar os objetos fora quando já não são necessários capta mais zelo que sua produção.

Reinhart Koselleck, o falecido historiador dos conceitos, usou a metáfora do "desfiladeiro" para caracterizar nossa situação presente. Estamos escalando uma encosta íngreme, tentando chegar ao pico. A encosta é abrupta demais para parar e montar acampamento, nenhuma construção sobreviveria aos ventos cruzados e às tempestades, de modo que temos de continuar a subir, e é o que fazemos. Todavia, o que há do outro lado (se um dia chegarmos lá para ver), não podemos saber até alcançarmos a passagem. Essa é uma metáfora diferente, ainda que represente situação bastante semelhante, daquela do Anjo da História de Klee/Benjamin.

A mensagem central desta última, como você certamente se lembra, é que nós sabemos do que estamos fugindo, mas não temos a menor ideia de onde vamos. Sendo a imaginação humana o que é, a situação não vai nos impedir de pintar imagens do que há no futuro à espera da visita dos viajantes. Mas, enquanto os situarmos no futuro, não há nenhuma maneira de provar que irão se parecer com o que pintamos. Quando chegar o momento de provar ou refutar a exatidão de nossas telas, o futuro já terá se tornado passado. É por isso que a história é um cemitério de esperanças não realizadas e de expectativas frustradas, enquanto as plantas baixas do paraíso com lamentável frequência se convertem em guias para o inferno. Como você advertiu com tanta propriedade, "os piores crimes da modernidade foram cometidos em nome da ideologia".

Ocorre, porém, que em vez de estarmos dando adeus à modernidade, nós ainda esperamos colher os frutos de suas promessas, nos consolando que, desta vez, eles realmente estarão logo ali na esquina, ou então na próxima. Os frutos prometidos são conforto, conveniência, segurança, alívio da dor e do sofrimento. Do começo até precisamente o dia de hoje, a modernidade diz respeito a forçar a natureza a servir com obediência às necessidades, ambições e desejos humanos – e ao modo como alcançar esse objetivo: mais produção e mais consumo. Nós todos, de alto a baixo na sociedade, tendemos a entrar em pânico sempre que o sacrossanto "crescimento econômico" (a única medida que fomos educados a usar para avaliar níveis de prosperidade e de felicidade, tanto social quanto individual) cai a zero ou – Deus nos perdoe! – abaixo de zero. O fascínio pela bem-aventurança ascendente não é menos apaixonado hoje do que era há cem anos ou mais, e ainda está em alta. A Igreja do Crescimento Econômico é uma das poucas congregações – talvez até a única – que parece não perder a fé e ter uma chance real de status ecumênico. A ideologia da "felicidade pelo consumo" é a única que tem uma chance de prevalecer sobre todas as outras ideologias, de subjugá-las e acabar com elas. Não é de admirar que não haja falta de sábios interpretando o seu triunfo global como o fim da era da ideologia ou, com efeito, da história.

Não deixe que a presença do número usual de dissidentes, apóstatas, hereges e renegados nos iluda sobre o controle que esta Igreja tem sobre os corpos dos habitantes do planeta. O evangelho que ela ensina e promove domina suas mentes de forma tão universal e abrangente quanto nenhuma outra "grande narrativa" jamais o conseguiu. Não há Igreja sem instituição de anátema e maldição, e o número de condenados é produto antes de a Igreja estar na ofensiva, e não na defensiva; e em geral é compreendido como um indício de sua força, e não de sua fraqueza. Como a maioria das igrejas, a Igreja do Crescimento Econômico também teve suas reformas e contrarreformas, e as suas divisões em credos envolvidas em disputas doutrinais; mas as diferenças entre elas não chegam nem perto de discordar sobre sacrossanto objeto de seu culto. Tampouco a dança das cadeiras jogada por todos os campos políticos que aspiram a um período nos gabinetes governamentais parece afetar o evangelho e a liturgia comuns a todos eles.

"Uma vida sem mito é em si a matéria do mito" – como John Gray resumiu a experiência humana na era moderna.[8] Acumulam-se os sinais de advertência, amigo Carlo, indicando que a notícia da morte das "grandes narrativas" foi, como diria Mark Twain, obviamente exagerada. A grande narrativa só morre para ser logo substituída. Muitas delas, entretanto, são reencarnadas, em vez de moribundas – ou, relegadas às últimas páginas dos jornais, ficam no estado de animação suspensa. Quanto à mais grandiosa das grandes narrativas modernas – a do progresso do controle humano sobre a Terra, conduzido pela Santíssima Trindade da Economia, Ciência e Tecnologia –, ela parece mais saudável que nunca.

Sigmund Freud escreveu sobre ilusões, dizendo que "assim como são indemonstráveis, elas também são irrefutáveis". Ele explicou:

Uma ilusão não é a mesma coisa que um erro, nem é necessariamente um erro. ... Em outras palavras, nós nos referimos a uma crença como ilusão quando desejo-realização jogam um papel eminente em sua motivação, e, no processo, nós negligenciamos sua relação com a realidade, assim como a ilusão em si prescinde desses credenciamentos.[9]

O "desejo" no impulso gerador da ilusão "desejo-realização" é praticamente o mesmo que ao longo de toda a duração da era moderna – a era da pretendida/suposta/presumida administração humana dos seres humanos, da natureza e de sua interação recíproca. Até os geólogos chamam nossa era de "Antropoceno" – implicando que o Holoceno agora terminou, e que hoje a espécie humana dá o tom; e, de forma vacilante, consciente ou não, por intento ou à revelia, decide a direção em que as mudanças planetárias irão se encaminhar.

Eu diria que uma ilusão moderna que foi bem e verdadeiramente refutada é a ilusão de alcançar uma condição humana que seja livre de ilusões.

Percorrendo a pós-modernidade

CB: O período pós-moderno, examinado mais cuidadosamente, já não existe mais. Esse é o nome dado ao curto período histórico entre os anos 1970 e o final do século XX, período assoberbante e caótico, em que todos os valores e certezas anteriores, os da modernidade, foram questionados.

Falar de pós-moderno hoje chega a ser anacronismo. Quarenta anos atrás, em meados dos anos 1970, parecia a tentativa mais inovadora e criativa a emergir ilesa da modernidade, sem perder seus benefícios. Envolvido numa aura cintilante, o pós-moderno deu lugar a entusiasmos e ilusões, se impôs no campo da arte, orientou a filosofia, revelou a fragilidade das ideologias e pôs o indivíduo a nu. Muitas vezes mal compreendido, mal representado ou mal interpretado, ele se espalhou para todos os aspectos da vida contemporânea, tendo em seguida sua morte natural com o advento do terceiro milênio. Em razão de o pós-moderno, como todos os ritos de passagem, ter servido a seu propósito de nos transportar para um futuro ainda não nomeado, deixando-nos com suas incertezas, sua carência de valores, deixando um vazio à espera de ser preenchido por uma nova ética, nós estamos cada vez mais seduzidos por uma tecnologia intrusiva e completamente abrangente, mas cada vez mais sozinhos.

O pós-modernismo nasceu nos Estados Unidos, como um movimento inovador na arquitetura dos anos 1960 e 1970, sendo logo reconhecido por sua intolerância em relação à desarmonia ambiental. Foi nas próprias ruínas dos prédios de apartamentos de Pruitt-Igoe, em St. Louis (Estados Unidos), um complexo dilapidado cuja demolição foi concluída em 15 de julho de 1972, que o historiador da arquitetura Charles Jencks (1977) fixou ironicamente a data oficial da *morte da arquitetura moderna*.[10] A nova sensibilidade encontrou seu expoente mais representativo em Robert Venturi, arquiteto que se opunha ao estilo internacional de Le Corbusier e Mies van der Rohe, caracterizado por linhas retas, racionais, quadrangulares, regulares, mas com frequência frias e separadas da realidade do tecido urbano que as continha. Robert Venturi, Denise Scott e Steven Izenour são os autores de *Aprendendo com Las Vegas* (1972), no qual descrevem as qualidades da arquitetura pós-moderna e propõem o uso da linguagem icônica da pop art, misturada a elementos clássicos.[11] É a Venturi que devemos a expressão "menos é uma chatice", diretamente ligada ao lema de Mies van der Rohe, "menos é mais".

Na modernidade avançada, os arquitetos pós-modernos substituíram as formas atrativas do *populismo estético*, no qual as distinções entre alta cultura e cultura de massa são eliminadas. Quando é possível, eles recuperam detalhes, embelezamentos, ornamentos e citações inspiradas no passado, numa construção imaginativa de formas que às vezes se aproxima do kitsch e se alimenta dos refugos culturais produzidos pelo consumo. A citação (colunas, ornamentos) constitui o vínculo histórico com o passado, período considerado em sua totalidade, para o qual eles olham com interesse.

Começando na arquitetura, o pós-modernismo permeia todos os setores da sociedade, não apenas os culturais. Na verdade, o comportamento social, o mundo do trabalho, a economia e as finanças estão todos imbuídos desse espírito inovador, numa expansão inesperada que contradiz a prática usual de um movimento inverso desde a estrutura (a economia) para a superestrutura (a cultura). Contudo, muito claramente, a expansão não usual da ideia pós-moderna a partir do mundo das ideias para a prática política e social é um sinal dos tempos, no sentido inovador já previsto pelos intelectuais da Escola de Frankfurt (Adorno, Horkheimer) após o final da Segunda Guerra Mundial: a utopia de uma teoria crítica que fosse capaz de mudar a sociedade.

De outro ponto de vista, pode-se ver mais facilmente que o termo "pós-moderno", graças à sua capacidade de penetração e de sugestão – e, além disso, à sua difusão pela mídia –, foi imediatamente adotado em outros campos e usado (às vezes até de forma imprópria) para classificar uma mudança nos costumes ou nas práticas cotidianas. Isso não dizia respeito ao significado original que o termo tinha adquirido na arquitetura, o qual denotava a nova direção do pensamento crítico, que se opunha ao estruturalismo francês.

À diferença de muitos pensadores que fizeram da pós-modernidade o tema central de seus estudos, você chegou à conclusão de que nós ainda vivemos na modernidade, mas numa modernidade degradada, na qual tudo se tornou instável, precário, temporário e incerto. Numa entrevista com Keith Tester, você reconheceu a dificuldade de encontrar uma definição apropriada para indicar a mudança que está ocorrendo, primeiro aceitando o sentido comum de pós-modernismo, e, depois, abandonando-o em favor de modernidade líquida:

> Creio que na década de 1980 eu não estava só na busca desesperada de um novo arcabouço cognitivo ao qual a imagem que tínhamos do mundo compartilhado com os outros seres humanos se ajustasse melhor do que àquele oferecido pelo "consenso ortodoxo". ... Parece-me mais apropriado que os outros "pós" então em oferta.[12]

Contudo, muita coisa mudou nos anos recentes. A modernidade, assim como a pós-modernidade, parece muito distante. Não é uma questão de nominalismo, de atribuir novos rótulos desnecessários apenas em nome do sensacionalismo, para atrair a atenção da mídia, criar títulos só para impressionar.

Trata-se de reconhecer uma mudança substancial, uma mudança que ocorreu por uma variedade de razões históricas e econômicas, e que mudou radicalmente o modo de vida que se chama modernidade. Nós tentaremos entendê-la, essa distinção importante entre o que é moderno e o que não é, mas ela se apresenta como uma consequência: às vezes como uma contradição, outras como continuação, porque a história não procede por saltos ("natura non fecit saltum", disse Darwin), mas gradualmente, por pequenas variações de alinhamento, que depois se mostram definitivas.

Nós só percebemos esses movimentos incessantes (ajustes quase imperceptíveis que resultam de eventos que parecem aleatórios) a distância, olhando para trás, e ficamos surpresos e um pouco assustados com o grande abismo que se abriu entre o modo de vida (e o modo de pensar) de então e o de hoje. É verdade que o rótulo de pós-modernismo não é satisfatório. Ele contém em si algo negativo, oposto ao que era antes, porém, é a tentativa mais abrangente de mostrar que algo mudou. O novo nome tentava explicar que tinha havido uma ruptura com o passado. Tudo bem, portanto, chamar de pós-modernidade o conjunto de reações à modernidade já esgotada. Esse *pós* colocado antes do substantivo (porque era exatamente isso, uma sociedade baseada em estabilidade) foi bem-sucedido, interpretou bem o que os observadores dos anos 1970 queriam dizer.

Era óbvio que a modernidade era um caso encerrado e que uma nova era tinha se aberto, cujas características seriam diferentes; e as vidas das pessoas que nela vivessem seria diferente. O problema, porém, está em outro lugar. O pós-modernismo, assim como todos os movimentos de reação imediata ao que os precedeu, tinha natureza temporária. Serviu para relatar um evento em progresso, uma série frenética e mesmo casual de ajustes – alguns como reação libertadora entusiástica, outros com a função de contenção e racionalização. Era uma mescla heterogênea que só podia ter vida curta e que acabaria gradualmente quando a sociedade tomasse consciência da mudança e se adaptasse às novas condições de vida.

Assim, agora o pós-modernismo acabou; ele completou sua tarefa de barqueiro da modernidade para o presente, um presente até agora não nomeado. Mais cedo ou mais tarde, alguém vai inventar a definição certa para o nosso tempo e a descreverá nos livros de história. Então, o pós-modernismo será lembrado da mesma maneira que o pré-romantismo ou o neoclassicismo, e nós vamos perceber que passamos pela pós-modernidade sem sequer compreendê-la.

A pós-modernidade é o ponto alto da crise da modernidade e sua tentativa de superá-la. As ideologias que constituíram o agente coesivo necessário à modernidade, como fez a religião para as sociedades pré-industriais, quando entram em colapso, causam a perda da coesão social. Rompe-se o elo de confiança entre pessoas que compartilham os mesmos ideais, pelos quais elas lutam e se sacrificam, sentindo que o outro não é um potencial adversário, mas um companheiro ou colega que persegue os mesmos objetivos. A solidariedade entre iguais é baseada nessa comunidade de propósito e de valores, e quando os ideais se extinguem, ela não tem mais razão de ser. Ao contrário, aquele que até recentemente era considerado amigo torna-se competidor, um adversário que deve ser vigiado, pois pode nos privar de alguma coisa; ele pode agarrar a oportunidade de um emprego, ganhar a competição que tínhamos em vista, gozar de um benefício reservado a poucos ou mesmo apenas estacionar seu carro na única vaga disponível, ou pegar, diante dos seus olhos, a última garrafa em promoção especial na prateleira do supermercado.

O subjetivismo é um câncer que corrói a modernidade. Ele mina e enfraquece a sua base, preparando o terreno para a liquefação da sociedade. Desde o começo do século XX, houve duas escolas de pensamento principais disputando a supremacia: a corrente racional, que persegue os objetivos da modernidade e é objetiva em sua natureza – isto é, olha para o social, para o coletivo. Embora as diferentes formas dessa tendência compartilhem uma atenção e um respeito comuns pelo social, a corrente racional se baseia no modelo hegeliano e vê a história como progresso. Essa corrente de pensamento, que permeou a totalidade do século anterior, tende a manter uma posição dominante, afetando a produção cultural, juntamente com as relações econômicas e profissionais.

Na arte e na literatura, por exemplo, como indica o realismo, dificilmente poderia ser diferente, considerando o seu componente "racional", e ela está pronta a defender a modernidade, mesmo à custa de sofrer desvantagens inevitáveis. Ela é positiva e acredita na democracia social e também na possibilidade corrente de melhorias pela luta, o comprometimento e a mediação. Em resumo, ela é uma corrente reformista, mas pode se desdobrar em maximalismo ideológico ou mesmo em revolução (como no caso do comunismo), sem abalar os pilares sobre os quais a modernidade repousa, aos quais ela se associa.

A outra grande tendência é definida como irracionalista em função de sua recusa a aceitar a modernidade (ou a sociedade burguesa, se preferir); de origem kantiana, ela é altamente crítica do social e visa a uma reavaliação do indivíduo. Por essa razão, nós nos referimos a ela como subjetivismo. Sua ação se desdobra na apreciação mais ampla do sujeito, que se torna central e é capaz de determinar os acontecimentos pela sua vontade e pelo seu trabalho. O sujeito, como centro da existência humana, se opõe à massa, que é desprovida de autodeterminação. É óbvio que tal posição se presta muito bem ao endosso do autoritarismo reacionário, o qual só compreende os aspectos mais imediatos e superficiais, e não a hipótese antimodernista profunda (ver o pensamento de Nietzsche, usurpado pelo nazismo) que se mostra em períodos de antiautoritarismo e de negação de qualquer imperativo ideológico. O fim da modernidade testemunha a prevalência dessa última corrente e o enfraquecimento do modelo hegeliano, com a inevitável consequência de uma profunda crise que resultará no pós-modernismo.

A pós-modernidade, com a exaltação do individualismo e o declínio da solidariedade, do respeito pelos outros e do comportamento civilizado, que marcaram a ascensão do moderno, em vez disso, acabou mostrando a face de uma sociedade que regressara à situação da lei de sobrevivência do mais apto, do mais esperto, na qual vende o mais ávido; perde-se nela a certeza dos direitos (de tempos em tempos surgem campanhas que opõem o Judiciário ao respeito pela Justiça), nela prevalece o consumismo cego, sem levar em consideração os recursos do planeta (de água e até de energia), seguindo o instinto selvagem de ter: uma luta pela sobrevivência como se estivéssemos diante da última possibilidade de vida (a ausência de qualquer perspectiva de futuro), na qual – exatamente como os animais selvagens – o que se obtém pela força ou pela astúcia é levado para casa e consumido na solidão.

O fato de separar-se do princípio de sociedade civil, que os valores comunitários tinham assegurado graças às grandes narrativas que constituíam o núcleo da modernidade, é acompanhado pela necessidade incontrolável do indivíduo pós-moderno de gratificar-se, desenvolver-se e emergir do anonimato que lhe foi imposto, primeiro pela massificação e agora pelo isolamento do cidadão global. E ele o faz da única maneira possível, no espírito do subjetivismo, exibindo-se ou vendendo-se no mercado da aceitação pública, conforme o apropriado. Isso dá lugar ao fenômeno de transformar tudo em espetáculo, no que teve impacto na mídia.

A prevalência do sujeito, independente de suas qualidades e com o único propósito de ser reconhecido como um indivíduo (*da-sein*, "estar aí", diria Heidegger), é uma oportunidade dada a todos e plenamente aproveitada, mesmo quando não pedida. O importante é fazer suas vozes serem ouvidas acima das vozes dos outros, exibir-se e atrair atenção, curiosidade e interesse, ganhando assim a "visibilidade" necessária para sentir-se vivo e ser capaz de gastar em todas as ocasiões públicas. É por isso que ser visível significa existir, condição que não pode ser satisfeita solitariamente e que exige reflexo em outra pessoa para ser comprovada. Aqui reside a contradição em termos do subjetivismo: a prevalência do indivíduo necessita, a despeito de tudo, de uma confrontação com a sociedade, de um reconhecimento pelos outros, pois caso contrário não tem sentido.

No entanto, o subjetivismo tem um lado positivo, que consiste num retorno das multidões. Na época da fundação do Estado moderno, na época de Hobbes, as multidões eram sacrificadas no altar da comunidade e reprimidas no seio do povo, o qual desde então passou a componente oficial autorizado das nações: um corpo único, suficientemente privado de liberdade para se transformar em cidadão moderno. As multidões, que então emergiam do feudalismo e não eram consideradas confiáveis o bastante para a nova construção social, têm agora uma oportunidade histórica de se redimir e jogar as suas cartas. São elas que poderão desfrutar o ponto crítico histórico representado pelo pós-modernismo, precisamente pela prevalência do subjetivismo; mas elas também serão as primeiras a sofrer a pesada pressão em prol do restabelecimento do controle social sob outras formas.

É evidente, como era claro para Hobbes e outros construtores do Estado moderno no século XVII, que as multidões – por sua própria natureza – são difíceis de controlar. Elas conseguem evitar toda restrição, todo condicionamento que não estiverem preparadas para aceitar de modo pacífico – como os surfistas da internet, que se parecem muito com as multidões.

Hoje nós buscamos novos meios de controle social, visto que não é mais possível fiar-se em ideologia e ética do trabalho (ambos fora de moda, segundo a opinião pública). Para obter controle, é necessário levar a cabo a refundação do sistema social, zerar todas as opções, concessões e privilégios adquiridos durante as últimas décadas da modernidade, quando ela teve de chegar a bons termos com a comunidade para manter seu poder.

Por essa razão, nós devemos começar do começo, das diferenças sociais. Devemos pôr todos em seus lugares, e depois ver. A crise econômica, operada de modo tão conveniente e impulsionada pelo mercado por grupos financeiros e pelas necessidades de uma economia globalizada, enfrenta a tarefa de restaurar o controle social que a crise da modernidade perdeu de vista.

ZB: Você classifica como "rito de passagem" o período de uma ou duas décadas durante o qual os usos pós-modernistas na arte, por mimetismo ou mudanças na atitude mental, transbordaram para áreas cada vez mais amplas do pensamento e das práticas humanas. Nisso você tem razão. Victor Turner, que elaborou esse termo emprestado do estudo com mesmo título de Arnold van Gennep, de 1909, argumentou que não há passagem direta e instantânea de uma forma de vida ou de uma identidade socialmente definida para a seguinte; quando uma forma ou identidade no itinerário socialmente estabelecido da vida segue a outra, em geral, as duas são – ou talvez devam ser, para que a passagem seja reconhecida e validada – separadas uma da outra por um período intermediário de "nem uma nem outra", de, por assim dizer, "nudez social"; um período no qual os indivíduos são despidos da parafernália de seus papéis e status anteriores, agora abandonados, antes de serem alocados, receberem e vestirem a nova parafernália atribuída ao status e ao papel que estão prestes a assumir e a desempenhar.

Usando os "ritos de passagem" na história da vida individual como alegoria, nós podemos visualizar o intervalo entre dois arranjos sociais distintos como um tempo de desmantelamento das velhas estruturas materiais e mentais, antes de as novas estruturas serem desenhadas, montadas e instaladas. Pessoalmente, prefiro chamar esse período de "nem um nem outro" na história sociopolítica de "interregno" (numa forma recém-atualizada por Keith Tester, o conceito denota um período em que os velhos modos de levar coisas a cabo já não funcionam da maneira apropriada, mas modos novos e mais efetivos ainda não foram viabilizados).

Contudo, o problema com os dois conceitos – "rito de passagem" quando aplicado à história social, e não à sequência socialmente fixada de uma jornada individual pela vida, e "interregno" – é que quando examinadas por dentro, as coisas e suas relações estão continuamente *in statu nascendi*: não se sabe para onde as estruturas desmanteladas, desmanchadas, fundidas estão indo nem o que finalmente as substituirá. Quando pensamos numa "passagem", temos em mente uma extensão de estrada que leva de um "aqui" para um "lá". Como você sabe, entretanto, para os "pós-modernistas", o "lá" era tão desconhecido quanto irrelevante e indigno de interesse. Geralmente, a maioria, quiçá todas, das preocupações dos artistas pós-modernistas se concentrava em tarefas de "desmantelamento", "desconstrução" e, feitas as contas, destruição.

Não deixa de ter significado o fato de que o movimento pós-modernista tenha partido da arquitetura, a área de atividade humana da qual a própria ideia de "ordem" (*ordo*) foi extraída, no limiar da era moderna, para ser metaforicamente aplicada à totalidade da atividade humana no mundo, incluindo a sociedade, hoje considerada a mais notável das construções. Os arquitetos pós-modernos descritos e analisados por Charles Jencks atacaram com violência o próprio arquétipo de "ordem", herdado de Vitrúvio quando da redescoberta, por construtores da Europa no século XV, de seu antigo tratado *De architectura*, e, por procuração, seus derivativos, como sistematicidade, harmonia, estrutura, padrão, adaptação.

No momento em que escrevo, em todo caso, esse parece um sedimento relativamente duradouro do episódio pós-modernista: desconfiar de toda e qualquer ordem, tanto a sincrônica quanto a diacrônica; questionar a ideia de "ordem" como tal; tender a elevar "flexibilidade" e "inovação" acima de "estabilidade" e "continuidade" na hierarquia de valores; fundir sem moldes preparados nos quais derramar o metal fundido. Tudo isso sugere a perspectiva de que o presente interregno irá durar por tempo bastante longo. E lembremo-nos de que um dos traços mais importantes de um período de interregno é que qualquer coisa, ou quase qualquer coisa, pode acontecer, embora nada, ou quase nada, possa ser feito com algum grau de confiança e autoconfiança.

A sabedoria popular aconselha a evitar contar com os ovos das galinhas antes de serem chocados, ao passo que o grande russo Vladimir Maiakóvski, inspirando-se em sua própria série de experiências muito dramáticas durante outro "período de interregno", que se estendeu da queda do regime czarista até o surgimento do Estado totalitário de Stálin, advertiu seus contemporâneos que não pintassem telas épicas num tempo de revoluções, pois certamente elas seriam rasgadas. Quando ignoramos seu conselho, ficamos ansiosos para repetir o erro de remendar estruturas imaginadas a partir de modas fugazes, "totalidades" a partir de episódios, tendências a partir de movimentos difusos e não coordenados – e de reciclar as conversas correntes da cidade em teorias sociológicas urdidas às pressas.

Mesmo assim, vale lembrar que a frase que os comentaristas de esportes gostam de usar, "Estamos testemunhando a história enquanto ela se faz", deixa questões não respondidas sobre um possível hiato entre o que aí está para ser testemunhado e o que as testemunhas acreditam testemunhar; e sobre quanta durabilidade uma historiografia escrita por testemunhas oculares está autorizada a ostentar.

Pessoalmente, como você sabe, não fiquei à vontade quando, por falta de termo melhor, tive de usar o rótulo "pós-modernidade" para denotar uma mudança no cenário sociocultural que demanda ferramentas analíticas revisadas ou completamente novas para ser captada, compreendida e descrita. Eu não fiquei à vontade por dois motivos, sobretudo.

Em primeiro lugar, qualquer que seja o significado pretendido por seu usuário, o termo implicava que nós já estávamos além da era moderna, o que era falso. Como François Lyotard espirituosamente observou – ainda que de maneira muito séria e correta –, a pessoa precisa primeiro ser pós-moderna para poder se tornar moderna. O advento do que equivocadamente se chamou "*pós*-modernidade" foi um evento interno dentro da história da era moderna, que ainda estava longe de supor os títulos de seus capítulos seguintes, e menos ainda onde colocar a última linha. Se alguma coisa ele fez, esse evento desnudou os traços essenciais do modo moderno de estar no mundo, de que a modernidade "pré-pós-moderna" estava felizmente inconsciente (é este, se é que o entendi, o significado pretendido no paradoxo de Lyotard). A chamada "pós-modernidade" foi o momento de aprender quais das promessas da modernidade eram fraudulentas ou ingênuas pretensões, quais de suas ambições eram manifestações de arrogância condenável e quais de suas intenções latentes foram encobertas por objetivos tão somente proclamados. Pode-se dizer, desdobrando a tecnologia hegeliana, que a "pós-modernidade" foi uma etapa crucial na longa e tortuosa estrada da "modernidade em si" para a "modernidade para si" – consciente de suas próprias capacidades e limitações, ou pelo menos postulando a necessidade de tal consciência e chegando um pouquinho mais perto de adquiri-la. O termo "pós-modernidade" mascarou e dissimulou, em vez de revelar, o verdadeiro sentido do que estava acontecendo na época.

A segunda razão para não me sentir à vontade era o conteúdo puramente negativo sugerido pelo termo. Ele implicava (de modo errôneo, como tentei apontar) o que as realidades presentes já não são mais, contudo dava muito pouca – se é que alguma – informação sobre seus próprios atributos definidores; ele evocava um inventário de coisas rejeitadas e deixadas para trás, em vez de um catálogo arrazoado das coisas que teriam tomado o seu lugar. Por conseguinte, eu senti necessidade de cunhar e desdobrar o termo com objetivo de expressar o que são essas novas realidades (ou pelo menos seus traços mais distintivos), em vez de me concentrar no que elas não são; e assim, o que justificava o reajuste das ferramentas sociológicas existentes. Daí veio a escolha da metáfora da "liquidez".

É verdade que, desde os primeiros momentos, a modernidade esteve ocupada em "desmanchar ou fundir todos os sólidos", mas ela não o fez por alguma aversão inerente à solidez, mas porque achava que os "sólidos" sobreviventes não eram sólidos o bastante – na verdade, estavam em estado avançado de putrefação. A intenção original, pelo menos a intenção originalmente declarada, era substituir os sólidos gastos e dilapidados, que perdiam seu poder de retenção, por sólidos que ainda eram desenhados e forjados por obra da razão, por isso resistentes à erosão e à deformação. (Essa ideia encontra sua mais plena expressão, de novo à maneira da coruja de Minerva, no modelo muito posterior de "sistema autoequilibrado" de Talcott Parsons, um estado de coisas capaz de retornar depressa à sua forma constante graças a seus próprios dispositivos, sempre que for empurrado ou que guinar para fora do curso.) Este, entretanto, já não é mais o caso. Antes de a matéria derretida ter tempo para petrificar-se numa forma sólida estável, ela se fundiu outra vez. Nossas decisões e arranjos são temporários, transitórios, dotados de uma cláusula "até segunda ordem". As "estruturas" que preparamos com zelo em nosso impulso baldado em direção à "ordem", por assim dizer, são "biodegradáveis", elas começam a se decompor no momento em que sua composição foi terminada, ou, com lamentável frequência, mesmo antes de terem sido completadas. Nós não confiamos que elas possam permanecer em boa forma em circunstâncias em caleidoscópica mutação. Não é a qualidade da solidez que nós exigimos das estruturas no estilo "decisão interina", "arranjo temporário" ou "medida de emergência" que compomos, mas a qualidade de flexibilidade. Os nós que damos têm de ser desfeitos com um só puxão na corda, algo parecido com nossa capacidade de pôr ou tirar uma imagem da tela do iPad com um dedo.

Não obstante, como destacou Richard Sennett, "negócios plenamente viáveis são destruídos ou abandonados, empregados capazes são deixados à deriva, em vez de serem recompensados, simplesmente porque a organização tem de provar ao mercado que é capaz de mudar".[13] E comenta: "Aversão à rotina burocrática e busca de flexibilidade produziram novas estruturas de poder e controle, em vez de criar condições que nos libertassem."[14] Como argumentei em outro texto, a flexibilidade, marca registrada da modernidade líquida, um trunfo para os governantes e uma desvantagem para os governados, decerto é a nova estratégia de dominação.[15] Em vez de regulamentação normativa, vigilância e policiamento no estilo pan-óptico, agora é a capacidade dos superiores de realizar números de fuga, à moda de Houdini, que mantém os subordinados em estado de servidão e impotência.

A outra face dessa flexibilidade, para alguns, é a fixação; para outros (na verdade, para muitos mais), a imobilização. Mobilidade é o principal elemento de estratificação na sociedade líquido-moderna. Além disso, "longo prazo, não", preceito da razão líquido-moderna e eixo que norteia a racionalidade líquido-moderna, para citar Sennett mais uma vez, é um "princípio que corrói a confiança, a lealdade e o compromisso mútuo",[16] com consequências devastadoras para o caráter da consciência ética e a solidariedade humana.

Entretanto, todos esses traços cruciais e definidores da nossa realidade do começo do século XXI, e que o conceito de "modernidade líquida" logra apenas colocar no centro da atenção, foram totalmente desconsiderados ou relegados a segundo plano pelo conceito de "pós-modernidade".

Desconstrução e negação

CB: Um período de transição como o pós-modernismo busca encontrar confirmação no exame filosófico da necessidade de transformar o passado, cujos instrumentos de compreensão da realidade parecem antiquados e insuficientes. Essa nova maneira de pensar é bem representada pelo desconstrutivismo de Jacques Derrida e pelo "pensamento fraco" de Gianni Vattimo e Pier Aldo Rovatti, que são profundamente influenciados tanto por Nietzsche quanto por Heidegger. Inspirando-se em Heidegger, Vattimo sublinha a essência do que não é fundamental para o pós-modernismo. Para ele, *pensar é lembrança, recuperar-aceitar-distorcer*, isto é, voltar-se para ver a modernidade e suas fundações com distanciamento, como se olhasse para memoriais que representam o passado.[17] Eles constituem uma imagem distinta de uma pessoa que viveu antes de nós e da qual agora só existem traços (textos). O observador pós-moderno está do outro lado desses eventos (por isso é "pós") e, consequentemente, fora da história.

O desconstrutivismo de Derrida é perfeitamente adaptado para representar a visão pós-moderna, por meio de um processo estrito de negação do espírito moderno, processo que não corresponde a um afresco também positivo do novo. O desconstrutivismo é realmente a filosofia funcional do pós-modernismo: autorreferente, provocador, intuitivo, obscuro, críptico, criativo, ferozmente crítico, trata-se do último elo de uma corrente que tem suas raízes no irracionalismo de Nietzsche. Ele mostra uma clara relação com o pensamento de Heidegger, campeão do subjetivismo do século XX, que reflete uma perigosa afinidade com o nazismo, do qual ele foi, por certo período, um zeloso partidário.

Enquanto a filosofia hegeliana e sua descendência, inclusive o marxismo, participam da modernidade e apoiam seus valores e objetivos (história, progresso, coletivo), o irracionalismo luta contra isso e denuncia suas contradições (Nietzsche). Põe os refletores de volta sobre o indivíduo, sobre o sujeito que compreende o mundo à sua volta (Husserl); ele nega a história e o progresso, chamando atenção para a natureza excepcional do indivíduo (Heidegger), que tem a tarefa de interpretar o mundo. Esse conceito foi de grande importância no longo processo de apresentar uma notificação de inadimplência à modernidade. E Derrida, o filósofo que foi capaz, mais que qualquer outro, de conectar o conceito embrionário de *Destruktion* de Heidegger à pós-modernidade, desconstrói as certezas da modernidade e expõe sua natureza ilusória e tendenciosa. Ele o fez usando as armas da filosofia, sem entrar nas questões políticas (mesmo durante 1968, ele preferiu manter certa distância) e sociais.

Contudo, a sociologia, ciência da interpretação de fatos e mudanças sociais – que está mais bem preparada para esta tarefa e também é usada para apoiar a modernidade com seus instrumentos falsamente objetivos, segundo as necessidades originais de *Wertfreiheit* (neutralidade ética), desenvolvida por um dos seus mais influentes pais fundadores, Max Weber –, encontrava-se em crise naqueles anos.[18] Hoje, longe das advertências dadas pela Escola de Frankfurt, cujo único remanescente é o filósofo Jürgen Habermas, por um longo tempo a sociologia da crise usou descrições negativas de uma sociedade em mudança, e encontra em você, Zygmunt, seu expoente mais criterioso e explícito.

Uma compreensão do mundo em mudança, que está deixando para trás séculos de reconfortante solidez, encontra uma metáfora efetiva da pós-modernidade no conceito de sociedade líquida, onde tudo é móvel, incerto, temporário. A mudança social que você descreve tende a construir um modelo sociológico flexível, que serve mais para compreender e explicar do que para criticar. Essa tarefa é mais que nunca louvável, quase redentora, em tempos de confusão e incerteza generalizadas sobre o objetivo a perseguir.

O indivíduo que viveu durante a pós-modernidade, que foi submetido ao colapso das ideologias, que perdeu seus valores de referência, a segurança no emprego e o código ético, golpeados por uma incerteza econômica e social sem paralelo, pode agora encontrar na sua sociologia *abrangente* razões para restaurar a confiança e a paz. Na verdade, a sociologia da pós-modernidade é rápida em produzir longos ensaios abrangentes sobre a mudança observada, concentrando-se amplamente no exame do individualismo, na perda da solidariedade social e na globalização, como se estivesse lidando com um fenômeno já em marcha.

Há na interpretação da pós-modernidade um contraste documentado entre Lyotard e Habermas, que expressou reiteradas vezes sua opinião oposta, detalhando-a especialmente em *O discurso filosófico da modernidade*.[19] Enquanto, para Lyotard, o pós-modernismo produz uma libertação da ideologia do capitalismo e do imperialismo, para Habermas, o fim das grandes narrativas é um desastre. Para ele, o pós-modernismo surge em oposição à modernidade, como uma negação, e, consequentemente, não tem autonomia própria, é apenas um *sinal dos tempos*, derivado do impasse no qual se encontra hoje o pensamento do Iluminismo, que se identifica com a modernidade. Em resumo, a modernidade não acabou, ela deve ser nutrida para evitar um retorno ao obscurantismo.

A extensão do pós-modernismo a todos os setores da sociedade, com entradas inclusive nos relacionamentos pessoais e sentimentais, contribuiu, contudo, para confusões, tornando o pós-modernismo uma espécie de *termo genérico* negativo, a ser usado com excessiva leviandade quando se tenta dar uma explicação para as grandes mudanças que caracterizam nosso tempo. Seu caráter negativo, que, por conseguinte, está em oposição a um modo de ser e de avaliar, assim como a uma ética precisa, que se reconhece na modernidade, significa que muitos observadores rejeitam a ideia de pós-modernismo, exatamente como você o faz (nisto de acordo com Habermas), preferindo considerar o presente uma modificação interna na própria modernidade, que você define como *líquida*.[20]

Contudo, se aceitamos o conceito de pós-modernismo como ruptura com um passado praticamente irresgatável, ou, como você prefere falar, como uma "liquefação" que se infiltrou nos tempos modernos, parece claro que se trata ainda de uma condição *ocasional* e, portanto, destinada a ser *temporária*. Uma condição antes sofrida que desejada, com todas as características de uma crise de transição, uma das grandes crises históricas de transição aludida pelos americanos como "Grande Divisão". Uma ampla divisão estrutural que tem, portanto, consequências significativas para a cultura, as relações humanas, o destino do mundo no qual vivemos, e que separa o passado conhecido de um futuro repleto de incógnitas. As grandes divisões são momentos catárticos dos quais não há retorno, são passos decisivos para a humanidade, os quais, uma vez dados, não podem ser passados a limpo, voltar atrás; só depois de muitos anos nós compreendemos a extensão surpreendente das mudanças que elas causaram. Nós não temos informação sobre muitas grandes divisões na história do homem: a maior delas foi a introdução da escrita, uma tecnologia revolucionária que mudou o cérebro humano e plantou a base do conhecimento cumulativo.

Mas o pós-modernismo se foi. Seu ciclo de vida chegou ao fim, seu papel de barqueiro terminou. Ele nos deixou num litoral desconhecido e traiçoeiro, encarando a perspectiva intimidadora de novas ameaças e crises econômicas de proporções globais, o que é difícil de entender, pois o novo mundo em que botamos os pés, e que sucedeu a modernidade e a pós-modernidade, oculta sombrias intenções. É tarefa da sociologia, no novo sentido que você indicou, não apenas observar os fatos sem julgá-los, mas chegar ao fundo das razões para a sua ocorrência: entender e nos ajudar a entender o presente a fim de preparar o amanhã. Esse é o único caminho que nos resta para mitigar a incerteza.

A pós-modernidade é uma transição entre a modernidade e um novo estágio que ainda não tem nome, embora seus traços essenciais já comecem a tomar forma. Todas as fases de transição – como o pré-romantismo no começo do século XIX ou o decadentismo antes do século XX – sofrem com sérios problemas de adaptação, de doloroso pesar por coisas perdidas, e são caracterizadas por extremo emocionalismo, ruptura com o passado e busca de novo equilíbrio. No entanto, à diferença de outras crises maiores do passado, o pós-modernismo não era portador de grandes inovações num sentido positivo, exceto pelo começo do grande movimento de desmassificação que ainda está em progresso. Então, quando ele começou? Possivelmente no final dos anos 1970. Por acordo comum, a data simbólica é 1979, ano da publicação do emblemático trabalho de Lyotard, sugerindo que a classificação do fenômeno pós-moderno foi essencialmente europeia antes de se estender para todo o mundo ocidental. Falando mais amplamente, pode-se dizer que ele começou com as crises da energia e do petróleo, nos anos 1970, uma brecha irreparável, causada por um período de prosperidade econômica e de desenvolvimento do consumismo generalizado (os anos 1960).

Eis onde jaz o fim da modernidade, nas revoltas de estudantes e trabalhadores, na revolução cultural importada da China de Mao e na primeira frustração de uma rica sociedade de consumo. Desde então, nada foi o mesmo. Até a mídia – e a mais importante é a televisão – está perdendo sua autoridade única e sua capacidade suprema de obter consenso, contribuindo para a massificação *ideológica* que começou pelo rádio e o cinema sob o fascismo, o nazismo e outros sistemas totalitários em todo mundo. É o colapso de um mundo não mais capaz de acompanhar os tempos. Ainda tímidas, as novas tecnologias, a miniaturização e a abertura das frequências de rádio e televisão se prestam a abalar as fundações do pensamento e a produzir um intercâmbio único de ideias: um movimento de inovação – alternativa, dizem – cujos protagonistas são as pessoas jovens.

Contudo, o período estava destinado a ser curto e tumultuoso, marcado por tentativas sombrias e violentas de retorno à ordem: tentativas de restauração, golpes, tramas secretas, ataques – os "anos de chumbo" (o período de distúrbio político na Itália, os anos 1970 e 1980) – que se fizeram seguir pelo extremismo de facções opositoras (o sequestro de Aldo Moro, a Fração do Exército Vermelho, as Brigadas Vermelhas), igualmente fadadas a ter, a despeito de sua autonomeação e autoglorificação, efeitos deletérios de natureza claramente reacionária. Os traços comuns que ambos compartilharam, mesmo sem ter consciência disso, foram a oposição à mudança em curso, o fracasso em compreender a gravidade da crise e as tentativas desajeitadas de dirigi-la para objetivos improváveis.

Quanto tudo isso durou? O pós-modernismo se estendeu por trinta anos, até o começo do século XXI, com algumas fibras persistentes e algumas poucas regurgitações inevitáveis, que nos levam a ter a impressão de que ele ainda vigora, enquanto é evidente que ele definitivamente acabou, tanto que seus traços mais dominantes agora nos parecem distantes e não mais viáveis. Se quiséssemos dar uma data – um símbolo impressionante, para definir melhor o fim do pós-modernismo –, tomaríamos o 11 de Setembro de 2001, data do ataque contra as Torres Gêmeas em Nova York, um evento trágico transmitido ao vivo pela TV em todo o mundo: o final doloroso de um período que se disseminou ao ser transformado em espetáculo. Outro limite simbólico a relatar, embora menos dramático, poderia ser a morte de Jacques Derrida (2004), o mais significativo filósofo da pós-modernidade (e não é coincidência que ele também seja francês, como Lyotard).

Agora, o pós-modernismo está atrás de nós, que o vemos como uma série espectral de fogos de artifício na noite da modernidade agonizante. Como resultado de um impulso biológico de sobreviver e celebrar antes que tudo esteja acabado, antes que comecem os sérios problemas *resultantes*, dos quais não conhecemos nem a extensão nem a face, mas cujas consequências são temidas. Um tempo que nada tem de negativo, se o examinamos mais de perto, apesar do fato de sua definição sugerir que ele seja algo que se opõe ao passado: uma negação da modernidade, daquilo que já não somos.

Para tentar entender para onde vamos, é bom analisar o que a pós-modernidade – ou seja lá como desejarmos chamá-la – representou para nós, os habitantes do século XXI, e quais foram seus traços reconhecíveis. Em primeiro lugar, havia o individualismo. O pós-modernismo é o grande barqueiro que, em conjunção com o final do milênio, nos leva para longe de dois séculos vividos em nome do coletivo, do social. Esse grande empenho começou com o hegelianismo, no século XIX, e continuou com Marx, a luta de classes e, depois, a sociedade de massa, terminando em seguida nos desalentos da desmassificação, por volta dos anos 1970 e 1980. Não é coincidência que 1989 seja o ano da queda do Muro de Berlim, evento libertador que precedeu a queda do regime soviético, ou o naufrágio da grande ilusão comunista – isto é, a ilusão coletivista de uma sociedade capaz de prover para todos segundo as suas necessidades. Isso foi substituído por um individualismo disseminado e agressivo, nos termos do qual todo mundo só quer saber de si mesmo, à custa dos outros e sem se preocupar com o bem da sociedade.

O mundo que deixa o pós-modernismo para trás é um universo que se tornou limitador demais para o indivíduo, um mundo opressivo e intrusivo, no qual o indivíduo é incapaz de se afirmar pelo excesso de vínculos que o prendem aos outros por obrigação: a excelência não pode emergir às expensas da qualidade.

Indústrias querem contratar com base no mérito, e não de acordo com o nível de desemprego, assim como querem despedir absentistas ou pessoas improdutivas. Ao contrário do que ocorreu nos anos anteriores, nos quais havia um sentido vigoroso de solidariedade social apoiado por sindicatos fortes, a ideia de liberalização do mercado de trabalho está se tornando mais aceita pela opinião pública, culminando com a regularização de contratos de trabalho de curto prazo e de emprego temporário ou de prazo fixo, o início oficialmente legalizado (não o cultural, que já ocorrera) da precariedade no emprego.

Uma nova era se abre. A desintegração da massa, unida por um cuidadoso condicionamento induzido pela mídia e depois pelo consumismo desenfreado (que por algum tempo foi o símbolo da felicidade), produziu efeitos surpreendentes: de repente as pessoas se sentiram isoladas, separadas de um contexto comunitário reconhecível, solteiros ou em casais nucleares, inicialmente incapazes de se comunicar e de entender a situação incomum que experimentavam. Privadas de valores nos quais buscar referência – nesse meiotempo, a crise das ideologias está se fazendo sentir –, sua segurança econômica e existencial está ameaçada, e, portanto, elas relutam em ajudar os outros. As pessoas só estão preocupadas com seus interesses pessoais e em se proteger diante de um presente instável e de um futuro incerto. O mundo é fluido, um agitado oceano em que as relações econômicas, sociais e culturais se combinam sem cessar. Grandes movimentos, alterações súbitas e contracorrentes exaustivas dão uma ideia da extrema instabilidade típica de grandes sistemas no plano global.

Dentro desse imenso mundo líquido, bilhões de vidas se movem, muitas vezes oprimidas e desorientadas pela liquidez do ambiente no qual vivem. Veem-se empurradas em direções aleatórias contra a sua vontade e com oportunidades limitadas não só de determinar o seu próprio futuro, mas também de entender as razões do que está acontecendo. Vidas imersas – talvez submersas – na liquidez da vida. Pois não há nenhum traço de suas vidas, de seu trabalho nem de suas ações na superfície tensa e compacta do mundo-oceano. Abaixo da superfície, forma-se uma *sociedade oculta* que se adapta, em bases diárias, às condições de um ambiente inconstante, como as algas do mar resistem tenazmente agarrando-se à areia e depois se deixam levar pelo movimento das ondas. Se o empuxo é forte demais, elas são arrancadas e levadas para longe, mas estão prontas a se agarrar em outro lugar, esticando seus gânglios vitais à primeira ancoragem em que possam se grudar.

Essa sociedade oculta é feita de multidões e se baseia na capacidade de adaptação às condições adversas. Sua vida é uma resistência contínua a crescimentos e retrações, a acontecimentos excepcionais, desastres naturais e morais, promessas quebradas, regulações que remendam certezas em aparência adquiridas, colapsos, suspensões de atividades, execução de hipotecas, marginalização, discriminação, expectativas frustradas, interpretações restritivas, projetos que *não são cobertos por nossos programas*, fraudes, crimes sérios, indenizações não pagas, infortúnios, mau funcionamento, desapontamentos.

Essa sociedade submersa e feita de pessoas comuns que emergem da sociedade de massa e de suas certezas adamantinas, e que já não têm mais pontos de referência fixos; pessoas que acham que vivem uma vida normal e descobrem, não sem embaraço, que viveram na pós-modernidade sem saber. E então, no momento mesmo em que tomam consciência disso (não sem confusão e com firmes reservas), são informadas de que a pós-modernidade também é uma coisa do passado. Hoje ela é um livro sem título e, pelo menos por enquanto, sem sequer um rótulo de conveniência, aplicado como que para afastar o medo do desconhecido.

Ninguém espera que pessoas comuns saibam o que significa moderno, pós-moderno e coisas afins; entretanto, isso é esperado do nível seguinte, o da superfície do mundo líquido. Para os que vivem imersos na liquidez, a terminologia especialista é um exercício fútil; faz pouco sentido e não explica, pelo menos não teoricamente, os problemas que eles encontram. A experiência cotidiana com a qual temos de nos confrontar no futuro imediato é representada por aumentos do preço do petróleo, das contas, dos bens de consumo, dos impostos, pela falta de empregos para nossos filhos e dificuldades para pagarmos nossas hipotecas. Não importa se isso é ou não consequência da pós-modernidade ou apenas um de muitos momentos de crise. O importante é resistir.

Talvez Jean-François Lyotard estivesse certo ao dizer que a modernidade acaba com o absurdo dos campos de concentração, o mais trágico exemplo de uma instituição totalizante que vai além dos limites do que é humano e, consequentemente, não pode produzir nada pior na escalada de horror e no abuso contra o indivíduo.

ZB: Nossos pais podiam debater sobre o que precisava ser feito, mas todos concordavam que, uma vez definida a tarefa, a agência estaria presente, esperando para realizá-la – a saber, os Estados armados simultaneamente de poder (capacidade de levar as coisas a cabo) e de política (habilidade de decidir como as coisas devem ser feitas). Nossos tempos, contudo, chamam atenção pelo acúmulo de indícios de que agências desse tipo já não existem e, com toda a certeza, não deverão mais ser encontradas nos lugares habituais. Poder e política vivem e andam separados um do outro, e seu divórcio espreita logo na próxima esquina.

Por um lado, vemos o poder perambulando em segurança na terra de ninguém das vastidões globais, livre de controle político e com liberdade para escolher suas próprias metas; por outro, há a política extorquida/roubada de todos ou quase todos os seus poderes, músculos e dentes. Nós todos, "indivíduos por decreto do destino", parecemos abandonados aos nossos próprios recursos individuais, extremamente inadequados para as tarefas grandiosas que já enfrentamos e para as tarefas ainda mais impressionantes a que seremos expostos, a menos que se encontre um meio de evitá-las. No fundo de todas as crises que abundam em nossos tempos está – como já indicamos antes – a crise de *agências* e de *instrumentos de ação efetiva*, e seus derivados: a impressão inquietante, indigna e enfurecedora de termos sido sentenciados à *solidão* diante dos perigos *compartilhados*.

Nós também mencionamos a resposta amplamente popular a essa crise de agência, com frequência chamada "Movimento dos Indignados". Mas com que "os indignados" estão indignados? Se eles saem de suas casas protegidas por circuitos fechados de televisão para se reunir e "ocupar" praças públicas, fazem-no para expressar sua indignação diante da indolência das instituições políticas ainda existentes, que em tese representam seus interesses e os reciclam em ação, e também diante de sua própria impotência. Eles esperam (realisticamente ou em vão, resta saber) encontrar nas praças abarrotadas o que não puderam encontrar em suas comunidades gradeadas.

De uma maneira ou de outra, a indignação está presente, e estabeleceu-se um precedente para descarregá-la: sair às ruas e ocupá-las. A base de recrutamento para ocupantes potenciais é enorme e cresce dia a dia. Tendo perdido a fé numa salvação vinda "do alto", como a conhecemos (isto é, de parlamentos e gabinetes governamentais), e procurando maneiras alternativas de levar as coisas certas a cabo, as pessoas estão nas ruas numa viagem de descoberta e/ou experimentação. Elas transformam as praças da cidade em laboratórios ao ar livre, nos quais instrumentos de ação política, quiçá aptos para a enormidade do desafio, são desenhados ou descobertos por acaso, testados e talvez até passem por um batismo de fogo. Por inúmeras razões, as ruas da cidade são locais adequados para esses laboratórios, e, por um bom número de outras, os laboratórios ali instalados parecem produzir, pelo menos por enquanto, o que em vão vinha sendo procurado alhures.

O fenômeno "povo nas ruas" mostrou até o presente a sua capacidade de afastar alguns dos mais odiados objetos da indignação das pessoas, figuras culpadas por seus sofrimentos – como Ben-Ali, Mubarak ou Gaddafi. Entretanto, ele ainda tem de provar, por mais que sua proeza tenha sido efetiva no trabalho de limpeza do canteiro de obras, que também pode ser útil no trabalho de construção que vem em seguida. A segunda incógnita, não menos crucial, é se essas operações de limpeza de terreno podem ser levadas a cabo tão facilmente em outros países que não os ditatoriais. Os tiranos tremem à simples visão das pessoas sem comando, sem convite, tomando as ruas. Globalmente, porém, os líderes de países democráticos e as instituições que eles criaram para guardar a perpétua "reprodução do mesmo" parecem até aqui não ter percebido e não se preocupar; eles continuam a recapitalizar os bancos espalhados pelas incontáveis Wall Street do globo, estejam elas ocupadas ou não pelos indignados locais.

Como observou Hervé le Tellier, com argúcia, nossos líderes falam de "escândalo político, caos bárbaro, anarquia catastrófica, tragédia apocalíptica, hipocrisia histérica" (usando o tempo todo, observemos, termos cunhados em conjunto por nossos ancestrais gregos há mais de dois milênios), o que implica que a responsabilidade pelas asneiras e a má conduta de um país e de seu governo pode ser imputada à crise em que caiu o sistema europeu como um todo – o que, por extensão, exonera o próprio sistema.

Contudo, há ainda uma questão muito mais grave para tratar: "pessoas ocupando as ruas" podem de fato abalar as fundações de um regime tirânico ou autoritário com aspirações de controle total e contínuo da conduta de seus sujeitos, acima de tudo expropriando-os de seu direito à iniciativa. Isso, no entanto, dificilmente se aplica a uma democracia que, sem um abalo mais sério, pode suportar imensas doses de descontentamento em seu avanço e assimilar qualquer maré montante de oposição. Os movimentos dos Indignados em Madri, Atenas ou Nova York, à diferença de seus predecessores – por exemplo, as pessoas que ocuparam Václavské Námestí na Praga comunista –, ainda esperam em vão que sua presença nas ruas seja percebida por seus governos, isso para não falar em influenciar, pelo menos minimamente, as políticas. Isso se aplica off-line – a pessoas nas ruas. Isso também se aplica, em muito maior grau, on-line: pessoas no Facebook, Twitter, Myspace, tentando com energia mudar a história, incluindo sua própria biografia, mantendo blogs, despejando veneno, soando trombetas, tuitando e chamando à ação.

Outra questão é a da qualidade dos líderes políticos e da liderança política em si, que você analisou de forma tão aguda. Permita-me citar nesse contexto uma nota que enviei para *Sociologicky Casopis*, revista de sociologia tcheca, na qual tentei avaliar o significado da morte recente de Václav Havel:

> Há poucos dias, centenas de milhares, talvez mais de um milhão de pessoas, foram às ruas e praças públicas de Praga para se despedir de Václav Havel, segundo muitos observadores, o último grande líder político *cum* espiritual (espiritual, em grande medida, graças à sua grandeza política, e político, em grande medida, graças à sua grandeza espiritual), cujo porte é improvável que tenhamos chance de testemunhar novamente em nossas vidas. O que também é improvável que testemunhemos são números comparáveis de pessoas motivadas a sair às ruas por gratidão e respeito por um estadista, e não por indignação, ressentimento e escárnio indiscriminados pelas pessoas no poder e pelos políticos "tal como os conhecemos".

Em seu adeus a Havel, os enlutados lamentavam um líder político que, agudamente distinto dos operadores atuais, deu poder aos despossuídos, em vez de despojá-los de qualquer fragmento de poder que tivessem preservado.

Havel foi um dos poucos (cada vez mais raros) líderes políticos e espirituais que desafiaram, e com enorme efeito, a ironia e o escárnio com que tem sido tratada, com lamentável frequência, a capacidade de um indivíduo mudar o curso dos acontecimentos, e isso tanto pelos estudiosos quanto pela opinião popular. Futuros historiadores muito provavelmente irão colocar o nome de Václav Havel na lista dos grandes indivíduos que "fizeram a diferença", aqueles sem os quais o mundo não seria e não poderia ser aquele que nós herdamos. Os historiadores talvez confirmassem isso, assim como as antecipações apreensivas dos milhões de pranteadores que se sentiram desolados com a morte de Havel, acrescentando a seu nome a designação de "último de uma linhagem de grandes líderes políticos que modelaram o mundo que habitamos". Ao dar adeus a Havel, a maioria de nós – inclusive nossos líderes nomeados/eleitos de hoje (por mais que o admitam com relutância) – tem o direito e todo o dever de olhar para si mesmos como anões apoiados sobre os ombros de gigantes, entre os quais Václav Havel foi, sem dúvida alguma, um dos maiores. Nós olhamos à volta, procurando em vão os sucessores daqueles gigantes, e o fazemos num tempo em que necessitamos deles muito mais do que jamais necessitamos em nossa memória coletiva.

Havel nos deixou numa época em que os chefes de governo dos chamados "Estados poderosos" são encarados com uma dose cada vez maior de ironia e descrença. A confiança na capacidade das instituições políticas de influenciar o curso da história, sem falar em controlá-la ou mudá-la, caso seja exigido, está minguando. A confiança na política como tal foi deixada à deriva, à visão reiterada da impotência dos governos, e até hoje busca um porto seguro para atracar e lançar âncora. Está cada vez mais claro que a rede herdada de instituições políticas não é mais capaz de produzir, ao passo que uma nova caixa de ferramentas para a ação coletiva está, no máximo, em fase de esboço; é improvável que seja produzida em breve, ou que ao menos seja reconhecida como digna de produção.

A fragilidade crescente dos poderes executivos sobreviventes, que tem cada vez menos probabilidade de cura, foi percebida há muito tempo. É exibida com muita ostentação para ser negligenciada. Os chefes dos governos mais poderosos se reúnem na sexta-feira para debater e estabelecer uma linha correta de ação, só para esperar e tremer até que a bolsa de valores reabra na segunda-feira, e desse modo saber se sua decisão tem um esteio em que se apoiar.

Na verdade, o atual estado de interregno não surgiu há pouco tempo. Sua presença cada vez mais importuna não apenas foi assinalada, mas também reconhecida e pensada anos atrás; no déficit crescente de confiança nos veículos estabelecidos de ação coletiva; no interesse declinante pela política institucionalizada; na propagação inexorável e já muito difundida do sentimento de que a salvação, se ela é de fato concebível, não viria e/ou não poderia vir de cima. Podemos acrescentar que os motoristas e condutores dos veículos mencionados, agindo só ou em conjunto, há muito vêm fazendo tudo o que é imaginável para lançar essa confiança ao mar, negando e desacreditando os méritos da ação comum, e para manter a confiança desancorada – admoestando, importunando e levando homens e mulheres, em toda parte, a acreditar que, mesmo que sofram em comum, seus problemas compartilhados têm causas inteiramente individuais; e, portanto, podem e devem ser encarados e enfrentados individualmente, e, com meios individuais, ser individualmente resolvidos.

Com divisões sociais "cada vez mais evidentes" buscando em vão uma estrutura política na qual possam refletir a si mesmas, assim como instrumentos políticos capazes de servir a essa reflexão, o traço último e quase definidor do estado de "interregno" (sua tendência a permitir que quase tudo aconteça, embora nada seja realizado com qualquer grau de autoconfiança e certeza dos resultados) pode se manifestar com uma força ainda sem precedentes e com consequências ainda maiores.

É isso que se deve esperar em nossos tempos, chamados previamente de "interregno" por Antonio Gramsci (palavra que caiu indevidamente no esquecimento, e por tempo muito longo, mas que felizmente há pouco foi desenterrada e desempoeirada graças ao professor Keith Tester): tempos nos quais se acumula quase diariamente a evidência de que os modos velhos, familiares e testados de fazer as coisas já não funcionam; ao passo que seus substitutos mais eficientes ainda não são visíveis – ou são precoces, voláteis e rudimentares demais para serem percebidos ou levados a sério quando (e se) percebidos.

Podemos supor com segurança que as pessoas que ora tomam as ruas em números crescentes e se instalam por semanas ou meses sem fim nos abrigos improvisados montados nas praças públicas sabem – ou, se não sabem de verdade, decerto têm a oportunidade de conjecturar ou imaginar – *de onde* elas estão fugindo. Elas sabem com certeza (ou pelo menos têm boas razões para acreditar que sabem) o que elas *não* gostariam que continuasse a ser feito. O que elas não sabem, contudo, é o que precisa ser feito *em vez de*... Mais importante ainda, elas não têm a menor ideia de *quem* é capaz de se mostrar vigoroso e disposto o suficiente para fazer o que quer que elas acreditem que possa ser o passo certo.

Mensagens no Twitter e no Facebook as convocam e encaminham para praças públicas a fim de protestar contra "o que aí está". Os que postam as mensagens, contudo, mantêm a boca fechada sobre a discutível questão de que tipo de "deve ser" há de substituir o "é" e o "aí está"; ou então descrevem um "deve ser" com contornos muito amplos, incompletos, vagos e sobretudo "flexíveis" para evitar que qualquer parte de seu enunciado se ossifique e transforme em pomo de discórdia. Eles também se mantêm em silêncio prudente sobre a espinhosa questão da compatibilidade ou incompatibilidade de suas demandas. Os tuiteiros e mensageiros do Facebook não podem negligenciar essa cautela, a não ser em detrimento da causa que promovem. Se desconsiderassem as leis de ferro de toda chamada digital às armas e de toda estratégia de "on-line para off-line" bem-sucedida, eles correriam o risco de suas mensagens nascerem mortas ou morrerem antes da emissão: raras barracas seriam armadas nas praças em resposta a seus chamados e pouquíssimas manteriam seus residentes iniciais por muito tempo.

Ao que parece, canteiros de obra estão hoje em processo de limpeza coletiva antecipada de uma administração diferente do espaço. As pessoas se mobilizam para cumprir essa tarefa, ou pelo menos tentam fazê-lo com determinação. Mas as futuras construções destinadas a substituir as que foram desocupadas e/ou demolidas estão espalhadas sobre uma multidão de pranchetas privadas, e nenhuma delas alcançou até agora o estágio de obter licença para construção; na verdade, nenhuma fundação foi assentada até agora sob os auspícios de uma secretaria de obras autorizada e com fé para emitir as licenças. As forças de limpeza de canteiros de obra parecem ter crescido consideravelmente; a indústria da construção, contudo, está muito atrasada, e a distância entre sua capacidade e a extensão das obras continua a se expandir.

A impotência e a inaptidão lamentavelmente visíveis da maquinaria política ainda existente são, até o presente, a principal força estimulante das pessoas, que as mobiliza ou as mantém mobilizadas. A capacidade de integração dessa força está todavia confinada à operação de limpeza dos canteiros de obra. Ela não se estende aos projetistas, arquitetos e construtores da pólis a ser erguida. O nosso "interregno" é marcado pelo desmantelamento e pelo descrédito das instituições que até agora serviram aos processos de formação e integração de perspectivas, programas e projetos públicos. Depois de se submeter, juntamente com o restante do tecido social de coabitação humana, aos processos de total desregulamentação, fragmentação e privatização, essas instituições ficaram despojadas de grande parcela de sua capacidade executiva e da maior parte da sua autoridade e confiabilidade, tendo somente uma parca chance de recuperá-las.

Qualquer criação é quase impensável a menos que precedida por (ou contígua a) um ato de destruição. Essa destruição, contudo, não determina por si mesma a natureza de uma continuidade construtiva, nem sequer torna sua iminência um resultado certo. No que diz respeito à rede institucional da sociedade – e em particular os veículos de empreendimentos coletivos integrados –, tem-se a impressão de que o ano de 2011 contribuiu consideravelmente para aumentar o volume de tratores disponíveis; enquanto isso, a produção de gruas e demais equipamentos de construção caiu naquele ano ainda mais vertiginosamente na já prolongada recessão, ao mesmo tempo que os estoques disponíveis se conservaram inativos – e, infelizmente, parecem relutantes em se apresentar.

Líderes de coalizões ad hoc só podem ser líderes ad hoc; esse não é um trabalho atraente para pessoas com qualidades genuínas de liderança, equipadas com mais do que apenas charme fotogênico pessoal, habilidade de armar esquemas e apetite para uma notoriedade imediata, talvez frágil. Cada conjunto de circunstâncias externas cria o seu próprio conjunto de opções realistas de escolhas pessoais, mas cada opção evoca sua própria categoria de candidatos potenciais. A política manifestamente impotente, que se preocupa apenas em manter seus sujeitos a uma distância segura, cada vez mais administrada por manipuladores de opinião e gerentes de palco caçadores de oportunidades de boas fotos e cada vez mais distanciada dos interesses e preocupações cotidianos da gente comum, não chega propriamente a ser um ímã para indivíduos com perspectivas e projetos que vão além da próxima data de eleição; indivíduos com qualidades indispensáveis para líderes políticos, distintas daquelas necessárias aos operadores da máquina da política. Líderes políticos potenciais não pararam de nascer. São as estruturas políticas em deterioração, decadentes e impotentes que os impedem de amadurecer.

Permita-me citar uma passagem de um artigo meu:

> Alianças reunidas na fase de limpeza de terreno (coalizões arco-íris de interesses que, sem elas, não seriam compatíveis, mas inclinados a se dissipar logo depois de se esgotar a efusão que os pôs em

andamento) são passíveis de desmoronar ou mesmo de explodir depressa, revelando aos olhos de todos a verdade da natureza ad hoc de seu casamento de conveniência. A fase de limpeza de terreno não tem nenhuma necessidade de líderes sólidos. Muito pelo contrário, líderes sólidos, com visão sólida e convicções sólidas só podem levar essas coalizões arco-íris ao colapso muito antes de as tarefas de limpeza de terreno estarem concluídas. Às vezes os porta-vozes das pessoas mobilizadas se declaram satisfeitos (embora não necessariamente pelas razões certas) por não precisarem de líderes – decerto tomando a inexistência de lideranças entre pessoas mobilizadas como um sinal de progresso político e uma de suas mais notáveis realizações. Vladimir Putin, ao declarar (segundo toda a aparência, de modo prematuro) a derrota de um protesto público maciço contra o desdém arrogante com o qual os poderes constituídos russos tratam o seu eleitorado, acertou em cheio quando imputou o pretenso fracasso da oposição à ausência de um líder capaz de construir um programa que os manifestantes se mostrassem dispostos a aceitar e apoiar.[21]

Creio que, ao censurar/zombar dos indignados por não nomearem líderes, Putin resumiu com muita exatidão a fase em curso, na qual experimentamos instrumentos alternativos de ação política efetiva para substituir os instrumentos obsoletos, que estão se tornando menos influentes e mais raquíticos. No entanto, por quanto tempo seu diagnóstico permanecerá válido, não cabe a ele – e nem de fato a ninguém – determinar, antes de as pessoas que fazem a história, ao mesmo tempo em que são feitas por ela, o decidirem, seja por intento ou à revelia. À medida que elas a estiverem fazendo, a necessidade urgente e imperativa, bem como a probabilidade do advento de líderes políticos e espirituais genuínos, se tornará cada vez mais evidente. Então, os futuros líderes fariam bem em evocar e aprender com a experiência e as realizações de Václav Havel; pois mesmo entre as figuras políticas mais eminentes dos últimos tempos, Havel, por assim dizer, se distinguiu.

À diferença de outros políticos *bona fide*, Havel não tinha à sua disposição nenhum dos equipamentos considerados indispensáveis para o exercício de influência tangível. Não havia nenhum movimento político maciço, complementado por uma maquinaria política ramificada e bem-estabelecida. Ele não tinha acesso a fundos públicos. Nenhum exército, lançadores de mísseis nem polícia, fosse ela secreta ou uniformizada, estavam ali para dar carnadura à sua palavra. Não havia meios de comunicação de massa para torná-lo celebridade, para transmitir suas mensagens a milhões de pessoas e deixar milhões de pessoas ansiosas para ouvi-lo e segui-lo.

Na verdade, Havel tinha apenas três armas para usar em seu esforço para mudar a história: esperança, coragem e obstinação – armas que todos nós possuímos numa medida ou em outra. A única diferença entre Václav Havel e o restante de nós é que nós, à diferença de Havel, raramente recorremos a essas armas; e quando (se) o fazemos, o fazemos com muito menos – mais frágil e mais fugaz – determinação.

Permita-me observar de novo que, por mais que vivessem em séria desavença uma com a outra, todas as grandes ideologias do espectro político passado concordavam sobre um aspecto: embora se batessem ruidosamente sobre o que devia ser feito, elas quase nunca brigavam sobre quem ia fazer o que quer que fosse necessário fazer na opinião de cada uma delas. E não havia necessidade de brigar, pois se considerava óbvio que a agência destinada a fazer da palavra ato era o Estado: o Estado todo-poderoso, como as pessoas acreditavam então, que mesclava o poder de levar as coisas a cabo à capacidade de decidir que coisas deviam ser feitas e que coisas deviam ser evitadas, e que exercia plena soberania – isto é, capacidade executiva – sobre seu território e a população que nele habitava. A receita simples para levar as coisas a cabo (quaisquer que fossem) era assumir o controle do aparelho de Estado a fim de desdobrar o poder que ele encerrava.

O poder era visto como "estocado" nos armazéns governamentais e pronto para uso (simbolizado na imaginação pública pela chave para lançar os mísseis nucleares que cada um dos sucessivos presidentes americanos tem o direito de acionar independentemente do partido político que o colocou no Salão Oval). Quem quer que administre o armazém tem capacidade de fazer o que quer que ele/ela considere certo, adequado ou apenas conveniente.

Esse já não é mais o caso, contudo. O poder de levar coisas a cabo flutua no "espaço de fluxos" (Manuel Castells); ele é evasivo, altamente móvel, dificílimo de localizar, identificar com precisão ou fixar; e, como a lendária hidra, tem muitas cabeças. Ele é imune a regras estabelecidas no local e confinadas a territórios; e formidavelmente resistente a todas tentativas de controlar seus movimentos e tornar suas ações, ou suas respostas a ações de terceiros, previsíveis. O outro lado da moeda é a autoridade declinante dos governos de Estado, que exibem todos os dias – e de maneira cada vez mais espetacular – a sua impotência. Suponho que as visões de "boa sociedade" saíram de moda, em última análise, porque os poderes capazes de produzir essas visões se tornaram invisíveis. Por que se dar ao trabalho de quebrar a cabeça tentando responder à pergunta "O que fazer?" se não há resposta para a pergunta "Quem irá fazê-lo?"? Atualmente, nós estamos atravessando múltiplas crises, porém, a mais crítica delas – com efeito, uma "metacrise" que torna todas as demais quase insolúveis – é a *crise* de agência, mais precisamente, da "agência tal como a conhecemos", a agência do Estado herdada e sobrevivente, experimentada e testada por gerações passadas, que a estabeleceram e esperaram de nós, como sucessores recomendados, que a usássemos.

De modo correspondente e complementar ao declínio e lapso da agência (efetiva, fidedigna), houve um deslocamento seminal no reino da ideologia. Até cerca de meio século atrás, ideologias, por assim dizer, "vestiam" o Estado – seus interesses e propósitos estabelecidos. Hoje, ideologias vestem a *ausência* do Estado como instrumento efetivo de ação e mudança. Em sua forma extrema, a ideologia do presente é "privatizada", centrada em recortar um nicho relativamente sólido/tranquilo na areia movediça; um abrigo seguro e protegido dentro do cenário social desesperada e incuravelmente inseguro e desprotegido (algo como construir um abrigo antinuclear para a família num mundo determinado pela DMA – "Destruição Mútua Assegurada"; ou acreditar sinceramente em "condomínios fechados" dentro de cidades cada vez mais decadentes, dilaceradas pela violência).

A certa distância do polo de "individualização" extrema e de pulverização de totalidades sociais, estende-se uma ampla gama de ideologias preocupadas em buscar/testar novas formas de ação coletiva como alternativa(s) possível(eis) ao Estado, o qual é conspícuo sobretudo por sua ausência. O fenômeno "pessoas mobilizadas" é uma dessas "ideologias em ação". Incipiente e precoce, não plenamente formado, mais uma busca às apalpadelas no escuro que um movimento determinado e coerente numa direção designada/escolhida com antecedência, ele se encontra até o presente nesse estágio de teste. Os indícios recolhidos durante o teste são no mínimo ambíguos, e não se chegou a nenhuma decisão sobre nada nem ninguém; muito provavelmente, tampouco se chegará ainda por um bom tempo. Os sinais são controversos, o destino dos testes sucessivos muda de forma caleidoscópica, e o conteúdo de suas mensagens é camaleônico. A recusa de investir esperanças nas instituições políticas sobreviventes talvez seja o seu único fator invariável e integrante.

O fim da história?

CB: O fim das grandes narrativas mencionado por Lyotard tem a ver com o fim da história, segundo a visão apocalíptica de Fukuyama, recuperando assim o traço sombrio que conecta Nietzsche com a pós-modernidade.[22] As grandes narrativas são apenas sedimentação cultural na imaginação coletiva de acontecimentos que, no passado, marcaram pontos críticos significativos, ou aos quais foi atribuído, em retrospectiva, um significado especial a fim de construir a uniformidade do quadro total. Sentir que fazia parte da história muitas vezes legitimou as escolhas do homem, levando-o a achar que elas eram justas e necessárias, embora inevitavelmente conduzidas por processos que, como uma máquina incansável, trituram tudo e seguem adiante, indiferentes ao arbítrio humano. Como lembrou Gianni Vattimo, citando Benjamin, a história é sempre escrita pelos vitoriosos, o que a deixa aberta a ser manipulada e ordenada a partir do ponto de vista do observador.[23]

Decorre que a ideia correspondente de progresso (uma ideia modernista) é algo forçado, um artifício construído com o propósito de dar legitimidade àqueles no poder – trate-se de um poder estabelecido ou de um poder em construção. A grande invenção do marxismo, que demonstra os talentos intelectuais extraordinários de seu fundador, foi dar ao proletariado uma função histórica vinculada à ideia de progresso inevitável, a qual fez dele, mesmo psicologicamente, o eleito vencedor de uma luta pela dominância social. Tratava-se de um progresso inevitável porque era parte do progresso humano, apesar das dificuldades "a-históricas" e da resistência da burguesia reacionária. A história como uma legitimação documental dos vencedores, com sua visão única e universal da história do planeta, é um efeito perverso causado pelo aumento na velocidade das comunicações, no que McLuhan chamou de *aldeia global*, em que todos sabem tudo e onde já não é mais aceitável ter *histórias* diferentes que mudam *ad usum* dos vários vencedores. Esse progresso, que a modernidade asseverava ser o garantidor do desenvolvimento em todos os sentidos, mostrou-se, pela comunicação em tempo real, o mais formidável oponente na história, exibindo o viés dos pontos de vista e a inconsistência dos vários "centrismos".

A história começou a sair na primeira página, e por isso é cada vez mais imediata, objetiva e efêmera. Ela é fácil de esquecer e de ser substituída pela próxima notícia, num processo rápido, que perde o todo de vista e, consequentemente, oferece uma imagem sempre atual, vívida, mas fragmentada, incoerente e contraditória. A questão continua a ser se essa visão da realidade é melhor – transitória, mas real – ou se é melhor ter uma versão da história escrita pelos vitoriosos, a qual impõe uma visão geral estruturada e tranquilizadora, pois a memória é fonte de segurança. Desde a época de Heródoto, a história representou a memória coletiva como a base sobre a qual construir a identidade de um povo, afirmar sua verdadeira cultura e estabelecer suas tradições, leis, costumes e seus comportamentos. Na era moderna, a história, abençoada pelo hegelianismo, consolidou os Estados, cada qual com sua própria história nacional legitimadora, justificando seu progresso e a necessidade de uma forma de industrialização equipada na direção do crescimento econômico. O colapso da confiança na história que o pós-modernismo denunciou – sob uma forma notável, em sua diferença de viés – contribuiu para o clima de incerteza, eliminando o sentido de comunidade na marcha rumo ao progresso que a modernidade tinha destacado. Também foi por isso que o indivíduo se viu cada vez mais sozinho, ao ser subitamente confrontado com um mundo não cognoscível e adverso, pois ele, indivíduo, foi privado de sentido de história e de autoconsciência.

De Nietzsche a Heidegger, os precursores da pós-modernidade, a história foi considerada mais como uma impostura que como uma memória da verdade, e foi substituída pelo evento. Evento é o que acontece pelas ações do homem, mas o conjunto de eventos não faz história, porque são desligados um do outro; eles não são vinculados por um propósito conspícuo, mas se devem à vontade e às escolhas pessoais de seu tempo, ditados pela oportunidade, por necessidades, por intuição ou por pura intenção.

O evento não tem memória, ele tem valor em si mesmo e pelo período em que tem lugar. Não é repetível, e sua verdade jaz na impossibilidade de repetir-se. Ele é único e portanto universal. Essa abordagem, além de esvaziar a história de seu significado, nega implicitamente qualquer valor à evocação do passado, vista como advertência para não se repetirem erros. Se todo evento é único por si mesmo, não há sentido em usá-lo como um significado para dissuadir os outros de repetir fatos da mesma espécie.

Na verdade, a memória dos erros (e dos horrores) não impede outros erros, em condições diferentes, em épocas diferentes, por diferentes razões. Se a história pudesse realmente servir para impedir a recorrência de eventos desagradáveis, graças ao poder da memória, nós não teríamos tido, já de algum tempo para cá, guerras e genocídios, nem sequer racismo, marginalização e opressão.

Depois da fase destrutiva que culminou na pós-modernidade, hoje a nova história, ou o que a substitui como memória coletiva, é uma trilha digital que corre por todo o planeta e grava todas as expressões humanas, indiferente à importância social de seu emissor. Tudo é parte dessa história universalizada e unânime (que não pode ser contida em um ou mais livros porque está sendo sempre enriquecida e em evolução), o que demonstra que a história não pode ser escrita pelos vitoriosos. Sua expansão ilimitada e sua fragilidade a tornam tênue a ponto de não ser mais interpretável. Pela primeira vez, quem sabe, ela será a história dos vencidos, mas não há sentido em buscar legitimá-los.

As pistas eletrônicas que nós deixamos para trás são o rastro da nossa passagem pelo mundo, um modo alternativo de fazer história que tomou o lugar dos manuais preparados por especialistas, mas elas não são o único indício. Outros sinais, também significativos, são gravados e arquivados pelas câmeras posicionadas em toda a cidade, ao longo das autoestradas, em satélites artificiais e, finalmente, em drones, esses gravadores ambientais em miniatura com aparência de insetos inofensivos. Eles coletam bilhões de informações e abarrotam um imenso banco de dados, o que exigiria um número desproporcional de analistas para examiná-los.

Uma imensa memória é a mesma coisa que uma memória inútil, já que só pode ser consultada em parte, correndo-se o risco de formar uma visão parcial e distorcida da realidade. Não obstante, ela tem a vantagem de manter a população em estado de alerta constante: sabendo que há monitoramento perpétuo, ninguém pode se sentir seguro; ninguém está protegido dos olhos inquiridores mesmo no interior de suas próprias paredes. Isso cria uma espécie de *pan-óptico* universal, onde todos sabem que estão sendo observados, mesmo sem ver o observador, que fica oculto, discreto, silencioso, ao fundo, e todavia mais apartado e tenaz que o guarda na prisão de Jeremy Bentham.

Seus milhares de olhos eletrônicos podem não só escrutinar cada momento de nossas vidas, mas também descobrir momentos do nosso passado mais ou menos distante, como a nossa consciência culpada, sempre nos fazendo sentir remorso pelo que fizemos e pelo que não fizemos, o que podemos ter esquecido ou omitido, compreendido mal ou confundido. O significado da nova história, em vez de ser o resumo geral de uma comunidade inteira, é transformado na soma caótica de ações pessoais discordantes, fragmentadas e inúteis para fins de compreensão futura, um conjunto de eventos cujo sentido, a longo prazo, se dispersa e redunda em confusão. Por essa razão, o evento mais recente, o atual, o novo, representa a face da verdade e derrota o evento anterior. Tudo o que foi, apesar de estar gravado na memória, indelével e fixado para sempre em mídia eletrônica, tem gosto de obsoleto e é portanto rejeitado pela consciência social, que vive um eterno presente constantemente renovado.

Por conseguinte, a memória já não é uma parte integrante da consciência, o núcleo fundamental ao qual recorremos para decidir, pensar, agir, escolher e planejar, mas somente algo descartado e relegado para fora do eu, para dentro de um suporte tecnológico adequado. Especialistas recorrerão a ela para suas pesquisas ou navegarão por ela como por um velho álbum de fotografias cujas imagens parecem um pouco embaçadas, com traços irreconhecíveis.

A sociedade de amanhã é uma sociedade sem memória, destinada a repetir os erros do passado e a reconstruir exaustivamente a sua própria experiência a partir do entulho, mas tão diferente da sociedade moderna que deixamos para trás que mesmo os erros do passado, assim repetidos, irão surgir sob nova luz, como se nunca tivessem sido avaliados. Tão profunda é a mudança ocorrida com o fim da modernidade, e tão rápidas são as inovações, que a experiência passada de pouco serve. Ela é simples arqueologia e, como tal, deve ser preservada em museus.

A pós-modernidade se caracterizou pela crise das bases que sustentavam a modernidade, ideologia, história e ética de trabalho, resultando numa fratura, uma ruptura irreparável com o passado, e causando diferentes reações, com frequência conflitantes, destinadas a recuperar pelo menos o controle social, considerando não ser possível prover de imediato novos valores e uma nova ética. A pós-modernidade, portanto, é um momento de desorientação generalizada, no qual há uma corrida caótica por proteção diante de um contexto social que não é mais definido, estável, confiável e certo. Por isso, não podemos nos chamar de *modernos* nem de *pós-modernos*, o que implica uma relação de dependência quanto à modernidade e de oposição à modernidade, mas somos habitantes de um mundo que está mudando, e chamamos essa mudança de "crise".

ZB: Se há algo total e verdadeiramente imoral na história humana, isso é a ideia de fim iminente. Em quase todas as épocas na história, alguém, em algum lugar, esperou um fim iminente de alguma coisa – talvez em tempo algum mais do que nos anos que precederam o fim do primeiro milênio, a data do Apocalipse. Na era moderna, o que se esperou que acabasse (ou, mais exatamente, algo a que se desse cabo) foi a história – compreendida como uma série de contingências, um produto não antecipado de forças cegas. Junto com a já mencionada determinação de pôr o mundo sob nova administração – desta vez humana – veio a esperança/expectativa de desembaraçar-se da confusão e da desordem pelas quais a história era conhecida, de começar do começo, graças à racionalidade dos "homens novos", que teriam submetido o fluxo futuro de tempo a um padrão designado, estritamente monitorado e, portanto, transparente.

Fukuyama foi apenas o último na longa linha de adivinhos a predizer o mesmo. Além de anunciar o fim da história, ele também é conhecido por decretar a chegada iminente, há muito esperada, do homem novo, afinal purificado das deficiências que tanto tempo infestaram homens e mulheres. Nada havia de errado, insistiu Fukuyama, na intenção saudável do século XX de criar uma raça humana "nova e melhorada". O único empecilho era que os instrumentos adequados para a tarefa ainda não estavam disponíveis. Educação, propaganda e lavagem cerebral eram práticas primitivas, instrumentos das indústrias de fundo de quintal que não eram páreo para a grandiosidade do desafio. A nova técnica da engenharia genética, ao se tornar logo disponível, fará o trabalho que as velhas ferramentas não estavam aptas a realizar. E, mais uma vez, como se nada tivéssemos aprendido com o horrível passado, não há nenhum espaço para advertir que tratar a humanidade como um jardim clamando por mais beleza e harmonia divide os seres humanos entre espécimes do Chelsea-Show* e ervas daninhas.

As coisas se prolongam, mesmo que não nos lembremos delas, isso sem falar de quando nos lembramos, as remoemos e as debatemos. Elas vivem no que fazemos e em como o fazemos. A modernidade vive, e também a pós-modernidade, em seu fantasmagórico antepassado/descendente, demônio íntimo e guia. Quando você conclui nos definindo como "habitantes de um mundo que está mudando, que chamamos essa mudança de 'crise'", está dizendo tanto – ou tão pouco – quanto uma pessoa responsável tem o direito e o dever de dizer.

Você há de saber que, depois de ponderar os benefícios que ela trouxe e os prejuízos que causou a seus confrades humanos, eu não sou particularmente aficionado da herança de Nietzsche como um todo. Contudo, entre os poucos de seus pronunciamentos que aprecio – um dos melhores jamais feitos sobre o tema – está um "relatório de carreira" requintado e conciso sobre a condição humana, escrito em 1883 (em *Assim falou Zaratustra*), ainda singularmente correto hoje: "O homem é uma corda, atada entre o animal e o super-homem – uma corda sobre um abismo. Um perigoso para-lá, um perigoso a-caminho, um perigoso olhar-para-trás, um perigoso estremecer e se deter."**

---

* Exposição de Flores de Chelsea, promovida anualmente, desde 1862, pela Royal Horticultural Society. (N.T.)
** Na tradução de Paulo César de Souza, Friedrich Nietzsche, *Assim falou Zaratustra*, São Paulo, Companhia das Letras, 2011. (N.T.)

A matéria com que a corda de Nietzsche é trançada é o que, em seu estado bruto, nós chamamos de "história". Todavia, o ato de ser entretecido recicla o fio numa corda que pode ser atada (é isso que a "memória coletiva" faz agora, quando processada por políticos), embora a seleção de polos aos quais ela deva ser atada dependa mais dos fabricantes de corda que do fio por eles usado, como já ocorre há algum tempo e como continuará a ser. Com o devido esforço, pode-se atar a corda a uma ampla variedade de polos, tornando, assim, a memória histórica uma aliada na conversão de pessoas a causas – à medida que usa a capacidade de profecia autoexecutável e autofrustrante para cooptar a ação de pessoas em favor dessas causas.

Robert Merton, a quem se credita a ideia (cunhada enquanto seguia o insight de W.I. Thomas) de que, "se o homem define as situações como reais, elas são reais em suas consequências",[24] definiu profecias autoexecutáveis como "uma falsa definição da situação que evoca um novo comportamento, o qual faz a concepção falsa virar 'verdade'. Essa validade enganadora da profecia de autoexecutável perpetua um reino de erros, pois o profeta citará o curso real dos acontecimentos como prova de que ele estava certo desde o começo".[25]

Não é de admirar que o principal uso corrente da(s) corda(s) visualizada(s) por Nietzsche seja o cabo de guerra conhecido pelo nome de luta pelo poder.

· 3 ·

Democracia em crise

> Nós temos agora uma superclasse que toma todas as decisões econômicas importantes, fazendo-o em total independência em relação às legislaturas e, *a fortiori*, à vontade dos eleitores de qualquer país determinado.
>
> RICHARD RORTY[1]

Ética de progresso e democracia

CARLO BORDONI: A ideia de que a estrutura da sociedade está baseada em relações econômicas foi provada por Marx com a teoria do materialismo histórico, e, durante um tempo, foi crença comum de que não havia sentido sequer em debatê-la. Nos anos mais recentes, coincidindo com a crise da modernidade, foi proposta a hipótese atraente e libertadora de que a economia não é estrutural, mas depende de fatores humanos "disponíveis", como a cultura e outras formas de produção imaterial, com as quais ela entra em relação dialética.

A economia, para resumir, já não representa mais a alma da sociedade, porém, é um dos seus muitos componentes, e modificável, como os outros. Os primeiros a sustentar essa ideia foram os pensadores revolucionários da Escola de Frankfurt,[2] a quem devemos a semente de uma mudança importante, a saber: a visão de que a cultura, até então considerada superestrutural (e portanto dependente da economia), poderia, em vez disso, influenciar e mesmo determinar as escolhas de política econômica; uma cultura tão forte que por si mesma poderia se tornar uma estrutura numa sociedade livre da dominação capitalista.

O que os sociólogos de Frankfurt perceberam após a Segunda Guerra Mundial, na sequência de um iluminismo renovado que sucedeu ao obscurantismo nazifascista, teve de ser confirmado por inovações posteriores, resultantes da "revolução cultural" de 1968, quando o insight de Sartre desempenhou um papel crucial no caminho do poder da imaginação, aberto por Adorno e Horkheimer.[3] A revelação plena da capacidade humana de pensar, sonhar e imaginar seu próprio destino e de romper o molde do passado.

O componente fortemente utópico dessa suposição parece ter se confirmado pelas tendências observadas na sociedade dos anos 1970 e 1980, nas quais a combinação de vários fatores, incluindo o desenvolvimento da tecnologia, o pós-fordismo e a desmaterialização do trabalho, assim como a explosão do consumismo e a expansão das comunicações, abriu caminho para uma participação coletiva.

Durante os anos das etapas sucessivas de transição, além da grande incerteza, de confusão e inevitáveis equívocos, nós também tivemos a sensação de estar diante de uma extraordinária oportunidade de escolha. A imensa e estimulante oportunidade de decidir o próprio futuro está em geral fadada a causar agudo desapontamento, uma vez que tomemos consciência de que o caminho empreendido não foi o desejado, de que as decisões foram tomadas alhures – de que, mais uma vez, o destino, isto é, a situação histórica própria ao tempo em que o homem está vivendo, é independente das nossas escolhas.

O que aconteceu depois dessa fase eufórica, que coincidiu em parte com o fim da modernidade, aí está aos olhos de todos. O pós-modernismo nos deu a ilusão de viver num mundo livre de necessidades, livre de ideologias, aberto às promessas de consumismo ilimitado, de um espetáculo deslumbrante e de exaltação da individualidade, em troca da insegurança no trabalho, da incerteza e da solidão.

A economia tinha recuperado o controle sobre a sociedade e reassumido plenamente seu papel dominante estrutural. O que dava a impressão de certo declínio era somente um blecaute temporário, uma retirada estratégica enquanto ela esperava para voltar à linha de frente.

Claro, a economia também mudou. Ela teve de se adaptar aos tempos e de suportar o peso da crise da modernidade. Os atores tinham mudado, mas, como se diz, a toada continuava a mesma. Não se trata somente de uma economia pós-industrial, que ao longo do caminho perdeu as características únicas de um sistema baseado em fábricas, grandes plantas industriais, concentrações, investimentos de longo prazo e manutenção de uma força de trabalho fiel, mas também de uma economia pós-capitalista, no sentido de que o capitalismo perdeu seus vínculos estreitos com o mundo do trabalho.

O capitalismo também se desmaterializou; libertou-se, por assim dizer, de grandes investimentos, de grandes projetos industriais que envolviam compromisso de longo prazo, e voltou-se para os mercados financeiros, que estão em um lugar virtual, portanto, em um *não lugar*, que não tem localização geográfica, mas se move livremente nos altos níveis, acima de territórios e das coisas mundanas, com uma mobilidade frenética e imediata, suscetível a todo e qualquer sinal de mudança.

Se o *proletariado* se tornou *precariado*, marcado pela incerteza de emprego, de modo semelhante, o capitalista não é mais o *senhor* – isto é, aquele que possui os meios de produção. A propriedade das máquinas, inseparável dos processos de industrialização, foi o que outrora fez a diferença entre patrão e trabalhador. Hoje, o investimento de grandes somas de capital na compra de maquinaria cara para a indústria não é mais vantajoso, pois não corresponde a uma condição *estável* e *segura*. Mesmo para o empreendedor, as margens de incerteza se expandiram e se tornaram quase incontroláveis. Investimentos de longo prazo bem-sucedidos na manufatura já não dependem mais de coragem, inventividade e liquidez financeira, mas de fatores externos; incluindo, por um lado, a rápida obsolescência dos mercados, a bolsa de valores, os bancos e mesmo as leis do próprio Estado, o qual – em vez de assegurar, como no passado, um clima de estabilidade e prover uma câmara de compensação em tempos de dificuldades econômicas, restaurar o equilíbrio, subsidiar com dinheiro público e mediar para manter níveis de emprego – está tão somente preocupado com sua própria estabilidade.

O Estado está passando por uma profunda crise de identidade. Longe de recuperar sua relação de confiança com o público, que estivera informado de sua constituição desde a origem, ele tem de suportar repercussões da crise da modernidade, que o arrasta a uma degradação extraordinária, acompanhada – como em toda e qualquer fase de declínio – de corrupção e de desconfiança por parte do povo. A crise política em curso (definida como *antipolítica*) é uma crise do Estado moderno. Interessado em defender as razões de sua existência, ele age para recuperar a credibilidade reduzindo a dívida pública e implementando políticas neoliberais, esquecendo que seu propósito fundamental não é equilibrar o orçamento, mas fornecer serviços adequados ao cidadão.

Mesmo supondo que a escolha neoliberal adotada, altamente impraticável para um corpus público, consiga produzir os resultados esperados em termos de austeridade e confiança, ela não é capaz de garantir o tipo de intervenção na economia que, em outros tempos, possibilitava que as grandes indústrias chegassem a algum compromisso para evitar o desemprego.

A aliança entre o Estado e a indústria privada foi por longo tempo um dos mais sólidos pilares da modernidade, assegurando um equilíbrio efetivo entre conveniência política, necessidades econômicas, emprego e controle social. Isso foi observado desde a época em que as grandes empresas familiares surgiram, no século XIX, e foi reconfirmado pelas políticas dos governos totalitários e das democracias do pós-guerra, revelando-se uma aliança sagrada que deu estabilidade para toda a sociedade ocidental. Mas só até que as pressuposições desse vínculo estreito desmoronassem em consequência da globalização, a qual levou, no que diz respeito ao Estado, à separação entre poder e política, e, no que diz respeito à indústria, à desmaterialização do trabalho.

O capital foi libertado do trabalho, de investimentos que se mostraram cada vez menos lucrativos, ambos em decorrência da maior incerteza dos mercados (a restrição no consumo está criando sérios problemas para o equilíbrio econômico) e do aumento dos custos do trabalho; isso para não falar das restrições bancárias, que reduzem o crédito de curto prazo, produzindo falta de liquidez para as necessidades operacionais. Acrescente-se a isso a já mencionada ruptura da aliança com o Estado, a ameaça constante de mudanças legislativas, a necessidade de adaptar-se a novas regulações de segurança, o arrocho fiscal e as taxas do IVA, o imposto sobre valor agregado. Trata-se de uma corrida de obstáculos à qual os negócios mais frágeis responderam com a quebra; os que têm uma posição mais forte reagiram reduzindo a força de trabalho ou mudando-se para um local geográfico diferente, transferindo suas plantas industriais e sua administração para países em desenvolvimento, onde a mão de obra é mais barata. Nesses locais, os controles são mais indolentes e, sem dúvida, governos locais têm certa margem econômica para estimular a instalação de novos negócios. Uma solução temporária, talvez, que vai durar até que os efeitos da globalização também sejam sentidos por ali, desencadeando os mesmos problemas encontrados no país de origem.

A liquidação de capitais investidos na indústria e sua transferência para o império das finanças supranacionais é um fenômeno recente, mas que já está bem estabelecido e com fidedignidade comprovada. Comparado com os ativos fixos do passado, com sua materialidade traduzida em maquinaria, plantas industriais, fábricas, poluição e mão de obra, o capital financeiro é intangível, volátil e não tem proprietários. Na verdade, ele não corresponde a indivíduos específicos que tenham um nome e um rosto. Nós não devemos imaginá-lo submetido a inspeções inflexíveis de um velho cavalheiro de cartola, sentado à sua escrivaninha no andar superior dos quartéis-generais de uma holding. Não há proprietários, apenas executivos que movimentam rapidíssimo o dinheiro virtual: investir e desinvestir, comprar e vender segundo princípios de mercado, no interior de uma rede insondável de trocas, relações e transações que produzem lucro. Eles registram lucros mais altos que qualquer investimento industrial e com menos responsabilidade. As consequências das transações financeiras e das decisões de mercado também são significativas; produzem um impacto igualmente profundo na vida das pessoas, são decisivas na constituição ou na perda de fortunas pessoais – em geral tornando cada vez mais difícil sobreviver –, mas ninguém é responsabilizado.

Os tomadores de decisões financeiras são imunes à responsabilização objetiva, estão acima de toda ética que não seja a ética do lucro. Só a esta última eles prestam contas. Assim como os reis e déspotas antigos não se preocupavam com a vida de seus súditos e os enviavam à morte em batalhas para satisfazer seus caprichos, os homens anônimos das finanças virtuais não têm nenhuma responsabilidade pelos danos causados por suas ações.

Se a bolsa de valores cai e queima bilhões, destruindo de uma só vez a poupança dos investidores, ninguém de fato se preocupa. Como em toda perda, há sempre alguém que ganha dinheiro. O capital financeiro voa muito acima das nossas cabeças para ser visto e mantido sob controle. Está distante das medidas defensivas dos Estados nacionais, movimenta-se rapidamente de uma parte do globo para outra, determinando o destino de milhões de pessoas.

Juntamente com a ideologia, a ética do trabalho foi uma das fundações da modernidade. Usada para construir a identidade do homem moderno, ela surgiu como resultado da consolidação da Revolução Industrial e resistiu por séculos. A ideia de *progresso* é uma ideia moderna. Ela significa que toda ação humana visa a um aperfeiçoamento, e que a própria história é portadora de um impulso nessa direção.

Embora em aparência inerente à natureza humana, em especial desde a aurora da autoconsciência do indivíduo, a ideia de progresso é de fato um conceito recente. Para os gregos e latinos, a questão simplesmente não se impunha. No futuro, eles viam sinais de uma mudança que devia ser evitada, e se voltavam para o passado, para uma era de ouro mística da qual o homem caíra. Platão encarava o futuro como um período de declínio, segundo uma teoria amplamente compartilhada de degeneração da política, resultado de um conservadorismo que sonha com o retorno à simplicidade da existência natural. Outros, como Aristóteles, teorizaram uma doutrina de ciclos históricos repetidos infinitamente. Horácio escreveu: "Damnosa quid non imminuit dies?" ("O que o tempo funesto não destrói?"), na crença de que o tempo é o inimigo do homem, que só pode esperar o pior do futuro.

Esse olhar constante para o passado, típico dos clássicos, é atribuído à impossibilidade de ir além dos limites restritos da experiência humana. Trancados em seu horizonte, eles não podiam ver além nem ir além dessa experiência e imaginar o futuro. Apesar das exceções de Demócrito e Epicuro, que não acreditavam na era de ouro, prevalecia um sentido geral de pessimismo, e mesmo em Lucrécio, em que o conceito de "progresso" ("pedetemptim progredientis") aparece pela primeira vez em *De rerum natura*,[4] é aceita a perspectiva apocalíptica de um mundo destinado a chegar ao fim.

Para encontrar uma mudança de direção, é preciso olhar para a alvorada do século XVII e para Bacon, cuja introdução do método indutivo na ciência revela os primeiros sintomas de modernidade; para esse método, a finalidade do conhecimento é a utilidade ("commodis humanis inservire", "mitigar o sofrimento do homem pelo avanço de sua felicidade"), ideia retomada por Fontenelle, Descartes, Hobbes e Spinoza, e destinada a florescer na era do Iluminismo com Montesquieu, Voltaire e Turgot.

Resultante de uma matriz iluminista única, a ideia de progresso tomou diversos caminhos, seguindo ideologias irreconciliáveis. A ideia modernista, e mais marcadamente liberal, na via indicada por Adam Smith, vincula-se a princípios de comércio livre que leva ao consumo, ao passo que, seguindo a via de Hegel e Marx, vinculado ao conceito de história, o progresso visa à libertação da necessidade e do controle por parte do Estado. Ambas as visões estavam fadadas a entrar em crise na segunda metade do século seguinte; uma delas, relativamente à mercantilização dos valores; a outra, na sequência do colapso dos regimes comunistas.

A simultaneidade desses dois eventos sugere que há uma raiz comum, que pode estar conectada à crise da modernidade e, portanto, aos princípios fundamentais sobre os quais se baseia a essência da modernidade: fé na tecnologia, esperança de melhoria contínua da existência humana, crença nas ideologias. Falando de modo simples, confiança no progresso.

Num texto dos anos 1920, o historiador irlandês John B. Bury mostrou que a ideia de progresso é vinculada às ideologias dominantes do momento e persegue o projeto utópico de uma sociedade ideal, cujas características mudam substancialmente com o tempo.⁵

Não pode haver oposição ao inevitável processo histórico – escreve Marx, um dos mais argutos intérpretes da modernidade –, e é bom que a humanidade marche para *o nascente vermelho do futuro*: isto é, rumo a um futuro que, embora gradual e lentamente, leva à realização da felicidade humana, com a garantia de igualdade entre os homens e de fim da propriedade privada. Essa felicidade – tanto no contexto de Marx quanto naquele da burguesia (a filha do protestantismo) – era prometida como factível na própria terra. Seria resultado tangível de conquistas, de luta e de trabalho árduo, um objetivo muito mais próximo e realizável do que a aleatória meta espiritual que – nos séculos anteriores à Revolução Industrial – a Igreja prometera após a morte. A ética do trabalho, a ética burguesa, é muito mais pragmática, oferecendo, aqui e agora, recompensas por uma vida bem vivida na santidade do trabalho.

Além disso, a ética do trabalho oferecia ao homem uma identidade pessoal da qual se orgulhar, que era capaz de assegurar dignidade mesmo para o mais humilde dos trabalhadores, que podia se identificar com seu trabalho. O proletariado de Marx – unido na consciência de classe (um termo historicamente inovador) – em virtude da dignidade do trabalho que exerce, podia aspirar à libertação da necessidade e esperar subverter a ordem da sociedade industrializada, ao tomar o poder. Se essa sociedade é fundada em trabalho (como lemos em muitas constituições), é lógico que os trabalhadores esperassem liderá-la.

A ética do trabalho foi a invenção mais eficaz da modernidade, pois logrou realizar uma proposta dual sem necessidade de uma continuidade com o espírito religioso do passado, com o qual alcançou um acordo implícito, com ele integrando-se para tornar-se o seu braço secular. Em primeiro lugar, ao atribuir um valor moral, bem como um valor econômico, ao trabalho manual e o consequente sacrifício pessoal nele envolvido, ela garantiu uma massa ilimitada e substituível de força de trabalho para a industrialização crescente. Em segundo lugar, ao eliminar grande parte da ociosidade e do desemprego, ela reduziu o risco de sedição, de tumultos e crimes contra a propriedade, ajudando a suavizar o fardo social da manutenção de marginalizados, pobres, doentes e criminosos.

Na economia não industrializada (agrícola ou pastoril), o trabalho era visto como necessidade vital; as pessoas trabalhavam o necessário para comer e sobreviver. Com a industrialização, o trabalho passou a ser uma forma de identidade e uma obrigação moral, as pessoas trabalham mais que o necessário, causando a distorção particular debatida por André Gorz, mediante a qual o trabalho árduo é suportado em troca de *satisfação sublimada*: dinheiro, que pode comprar satisfações que o trabalho assalariado não é capaz de proporcionar.[6]

O que era uma miragem para os trabalhadores nos séculos XVIII e XIX começou a se mostrar mais claramente no começo do século XX: lojas de departamento acendiam suas lâmpadas elétricas e exibiam suas vitrines nas ruas, criando um paraíso na terra. Tudo que alguém pudesse desejar estava enfim ao alcance de suas mãos, à disposição nas prateleiras, por preços acessíveis. Para os que não tinham dinheiro o bastante, oferecia-se a possibilidade de crédito bancário. As vantagens eram imediatas, enquanto a dívida podia ser paga em cômodas prestações.

Essa foi a apoteose da modernidade: consumismo para todos, sem exceção. Não era isso a felicidade? Não era isso o que se podia desejar da vida: ter, comprar e consumir o que se quiser, sem limites e sem culpa? A ética do trabalho veio para recompensar o consumidor virtuoso, que gasta tudo o que ganha para fortalecer a economia e os mercados produtivos. Desse modo, o consumismo se preparou para adquirir maior importância em relação à produção e para tornar-se, na modernidade tardia, a grande alternativa ao próprio trabalho.

Ele levou dois séculos para alcançar esse resultado, e foram dois séculos de luta, sacrifício e privação a fim de merecer a felicidade de consumir em paz. A lógica da sequência "mais trabalho, mais renda, mais consumo igual a mais satisfação para todos" (e não apenas para os trabalhadores) sustentou muitas lutas sindicais no interior da ética imposta pela modernidade, cujas demandas se dirigiam mais a aumentos de salário que a melhorias na qualidade de vida. Seu objetivo era alcançar maior igualdade econômica entre empregador e empregado, aceitando implicitamente as regras de um jogo baseado na quantidade, e não na qualidade do trabalho. Por isso, a ética do trabalho é responsável pelo fenômeno de maior escala ocorrido no século passado: o consumismo. Mais dinheiro e mais poder de compra levaram a mais riqueza material. Não mencionemos o fato de a lógica quantitativa ser logo recuperada pelo sistema: um aumento geral dos salários sempre corresponde a um aumento dos preços para o consumidor. O equilíbrio não pode ser muito alterado. Afinal, pelo menos essa promessa foi cumprida. Não obstante, o paraíso do consumismo se mostrou efêmero.

A responsabilidade disso pode ser imputada ao mecanismo de crescimento, uma manifestação do progresso infinito, que resulta na aquisição de mais bens, mais serviços e mais itens perecíveis, cuja posse e cujo uso dão a sensação de completude e de satisfação com a vida; embora tudo à custa dos recursos do planeta no qual vivemos, os quais – em contraste com a ideia de progresso instilada três séculos atrás, quando o problema não se impunha – não são infinitamente disponíveis; em sua maior parte, eles não são renováveis. O reconhecimento dos limites de um consumo negligente – o hiperconsumismo analisado por Gilles Lipovetsky[7] – levou a repensar a ideia de crescimento contínuo e a própria *ideia de progresso*, contribuindo para a consideração de que o período da modernidade, baseado nesses conceitos, chegara ao fim. A nova ideia de progresso não se baseava mais no montante de riqueza produzida, nem no crescimento das vendas e do consumo, mas, segundo Serge Latouche, na qualidade de vida.[8]

Edgar Morin chega a mencionar um "império do progresso" que é substituído por uma cultura do imediato.[9] Nesse sentido, o progresso é uma *fuga do passado* repleta de esperança de que o que vai acontecer amanhã superará, em todos os casos, o presente. Uma cultura do imediato é a consequência natural do colapso das certezas sobre as problemáticas questões do nosso tempo. Nós já não acreditamos mais que o futuro possa garantir um aprimoramento do modo como vivemos; nós olhamos para o futuro com preocupação e suspeita. Agarramo-nos ao presente com a angústia daqueles que estão com medo de perder o que têm, adotando quase a mesma atitude de gregos e romanos antigos, que temiam que o futuro fosse pior que o presente.

Zygmunt Bauman: O nascimento da ideia de "progresso", de um itinerário linear, essencialmente reto, predeterminado e incessante da condição humana, desde a selvageria, passando pela barbárie, até a civilização, da servidão à liberdade, da ignorância ao conhecimento, da submissão à natureza ao poder sobre a natureza, e, feitas as contas, do mal ao bem, do bom ao melhor, da desdita à consolação – e para trocar em miúdos todas essas esperanças/convicções/expectativas – do imperfeito ao perfeito, foi o eixo da *Weltanschauung* otimista, segura de si, rude e audaz da classe média empreendedora, este terceiro estado que, na memorável declaração de Sieyès, era nada, mas tudo virou.

O "progresso" foi a fé da Europa no auge de seu poder, a Europa do imperialismo, da conquista mundial e do colonialismo, a metrópole de impérios nos quais o sol nunca se punha. A ideia de progresso alcançou o ápice de sua dominação da mente europeia pouco antes de o sol começar a baixar no horizonte; antes da longa era de trevas – trinta anos – que a guerra entre os europeus em disputa pela redistribuição de suas posses ultramarinas estava prestes a baixar sobre o globo, transformando-o no campo de batalha de suas inimizades econômicas.

Como mencionei, em *The Silence of Animals*, John Gray classifica o "progresso" como um mito. Ele escreve:

> Para os que vivem dentro de um mito, ele parece um fato autoevidente. O progresso humano é um fato dessa ordem. Se você o aceita, tem um lugar na grande marcha da humanidade. A espécie humana, claro, não está marchando para lugar algum. "Humanidade" é uma ficção composta por bilhões de indivíduos para cada um dos quais a vida é singular e definitiva. Mas o mito do progresso

é extremamente poderoso. Quando perde seu poder, aqueles que viveram em seu nome são – como disse Conrad [na mesma história que você citou] – "como aqueles prisioneiros de toda a vida que, libertos depois de muitos anos, não sabem o que fazer de sua liberdade". Quando a fé no futuro lhes é tirada, também lhes é tomada a imagem que têm de si mesmos.[10]

Vagando entre as ruínas do imperialismo, do colonialismo e da arrogância europeia, nós europeus estamos – de modo coletivo, quando não individual ou separado – na posição de Kayerts e Carlier, os heróis de Conrad, "que serviram [no Congo] à causa do progresso por mais de dois anos": abruptamente libertos, e da maneira mais difícil, do mito da prisão, embora tenhamos tomado (ou sido jogados em) outro caminho, onde estamos até agora. O resultado, contudo, é bastante semelhante, qualquer que tenha sido o caminho. Nós não sabemos o que fazer com nossa liberdade não convidada; nós nem sequer sabemos o que é liberdade (sabe-se bem o que se quer dizer por liberdade quando é algo pelo qual ainda se deve lutar); e não temos certeza de que valha a pena defendê-la (só é certo que vale a pena defendê-la até o momento em que ela for conquistada). Isso leva à confusão, à perda de direção; à vida fatiada em episódios autossuficientes, à deriva, os quais se extraviam uns dos outros de maneira imprevisível.

Todos esses sentimentos, impressões e experiências se combinam numa "síndrome da incerteza" gêmea da "síndrome da incompreensão". Vivendo dentro do mito do progresso, nossos antepassados olhavam para o futuro com esperança; nós olhamos com medo. Se o termo "progresso" desponta em nosso pensamento ou em nossa conversa de maneira inesperada, ele o faz em geral no contexto da ameaça de sermos expulsos ou de cairmos de um veículo que se acelera depressa, sem cronograma fixo, sem horário seguro nem letreiro de destino confiável. Em vez de ser uma promessa de bem-aventurança, o "progresso" se transformou no nome da ameaça – e de uma ameaça de um tipo conhecido por seu hábito sórdido de bater sem avisar, vindo sempre de um lugar desconhecido.

Pode-se argumentar que o colapso da confiança no predeterminado (e por isso mesmo garantido) "avanço na direção definida desejável", que Bury identificou como a própria essência do nosso curto embora tempestuoso romance com o "progresso", forma a base de todas as demais crises que afetam nossa herança, deixada pela geração que viveu "dentro" do mito para nós, que somos condenados a viver fora dele.

Por entre esses "restos de crises", aquela que afeta as instituições herdadas da democracia é a mais séria, à medida que golpeia os únicos instrumentos de ação coletiva agora ao nosso dispor. Nós já debatemos a questão quando falamos de "crise de agência": a democracia representativa no quadro de uma unidade política territorial soberana predomina entre as agências a que recorremos sempre que uma ação coletiva significativa é necessária – isto é, diariamente. Por razões que também já discutimos, não podemos mais confiar que essa agência em particular seja capaz de cumprir (ou que esteja disposta a fazê-lo) sua promessa de seguir a vontade do eleitorado que a designou como sua representante/plenipotenciária.

Harald Welzer estaria no caminho certo ao apontar, em sua discussão sobre o dilema atual diante da necessidade de ação efetiva e consequente, a captura e a neutralização das tendências que ameaçam o futuro do planeta, nosso lar compartilhado. Depois de argumentar que os problemas que nosso planeta enfrenta hoje exigem pouco menos que algum tipo de revolução cultural – uma mudança radical no nosso modo de vida –, ele acrescentou que, como "as estratégias individualistas têm uma função essencialmente sedativa, [enquanto] o âmbito da política internacional só oferece perspectivas de mudança num futuro distante", "a ação cultural é deixada no plano *médio*, o plano da própria sociedade do indivíduo e da questão democrática de como as pessoas querem viver o futuro".[11] Ele sugeriu também que a consciência popular de que é isso que ocorre está em alta, embora, em muitos casos – talvez na maioria – ela permaneça subliminar e escassamente articulada. Eu creio que o fenômeno da "glocalização" – a combinação particular de aumento de importância das localidades (e em conexão estreita) com a perda do significado das distâncias – pode ser rastreado na condição corretamente diagnosticada por Welzer. E digo por quê.

Os problemas mais agudos e ameaçadores que assombram nossos contemporâneos são, em geral, globalmente produzidos por forças extraterritoriais, localizadas no "espaço de fluxos", que fica muito além do alcance dos instrumentos políticos de controle, essencialmente locais e fixos do ponto de vista territorial; as forças geradoras, contudo, tendem a lavar as mãos quanto a lidar com as consequências de seus feitos, que, com demasiada frequência, são devastadoras e exigem reparos urgentes e muito dispendiosos. Essa tarefa recai, portanto, sobre os ombros das "localidades" da ponta receptora de suas atividades. "Localidades" – e entre elas grandes cidades, em primeiro lugar e acima de tudo – servem hoje como lixão de problemas gerados globalmente, não por sua iniciativa e sem que elas sejam consultadas, isso para não falar em consentimento.

A imigração, por exemplo, um correlato inseparável da "diasporização" do planeta, é um fenômeno causado pela produção constante de pessoas redundantes em terras remotas; no entanto, cabe às pessoas nos lugares de chegada dos migrantes fornecer-lhes empregos, acomodação, equipamento educacional e assistência médica, assim como mitigar as tensões que o influxo de estrangeiros tende a provocar. A poluição de reservas de água ou do ar também pode ser uma consequência sumária – global – dos modos de governança adversos praticados em países distantes; mas é dever das autoridades municipais limpar o ar respirado e a água bebida pelos residentes das cidades; custos crescentes de serviços de saúde podem resultar de políticas de marketing de laboratórios farmacêuticos extraterritoriais, mas cabe às autoridades urbanas locais assegurar uma provisão ininterrupta e adequada de serviços hospitalares e comunitários. Em última análise, cidades em todo o mundo foram transformadas em laboratórios nos quais maneiras de resolver esses e numerosos outros problemas globalmente engendrados são improvisadas ou projetadas e colocadas em teste, a fim de serem rejeitadas ou incorporadas à prática cotidiana. Elas também são, mais uma vez, graças a necessidades externamente criadas e impostas, mais do que a escolhas deliberadas de seus residentes, postas no papel de estabelecimentos de pesquisa e de escolas de responsabilidade cívica e da difícil arte da coabitação humana sob novas condições de diversidade cultural irredutível e incerteza pessoal persistente.

Foi isso que despojou as "localidades" – as grandes cidades, de forma mais drástica que qualquer outra – de parte considerável de sua autonomia passada e de sua capacidade anterior de elaborar e administrar sua própria agenda, investindo-as ao mesmo tempo, porém, de uma importância sem precedentes, ao lhes atribuir um papel crucial na tarefa de sustentar a ordem global de hoje e corrigir seus defeitos e tropeços, bem como reparar os danos colaterais que elas próprias estão fadadas a perpetrar. "Glocalização" quer dizer centros locais de conserto fornecendo serviços e reciclando a produção da indústria global de problemas.

Não obstante, há um papel muitíssimo mais importante e que as "localidades" – mais uma vez, as grandes cidades, em particular – são obrigadas a desempenhar sob condições de glocalização. Os dois espaços sobrepostos distinguidos por Manuel Castells, o "espaço de fluxos" e o "espaço de lugares", diferem radicalmente quanto ao caráter das relações inter-humanas que eles produzem, favorecem, promovem e estimulam. No primeiro espaço mencionado, os seres humanos se confrontavam fundamentalmente como membros de "totalidades imaginadas" (como nações-Estado, igrejas ou interesses empresariais supranacionais) – entidades a priori separadas e autossuficientes que também encerram interesses antagônicos entrelaçados em competição recíproca e inclinados a gerar hostilidade e suspeita recíprocas.

Analisando esse estado de coisas em si, sem referência às realidades completamente diferentes, características do "espaço de lugares", Samuel P. Huntington predisse de forma memorável um iminente "choque de civilizações" (em 2002, num livro com o mesmo título) cheio de consequências apocalípticas.[12] Um dos efeitos mais proeminentes da glocalização, contudo, é uma condição humana suspensa entre dois universos, ambos sujeitos a conjuntos abruptamente distintos de normas e regras. À diferença do que acontece no "espaço de fluxos", dentro do "espaço de lugares", os homens têm a oportunidade de se confrontar como pessoas – vizinhos, colegas de trabalho ou de escola, motoristas de ônibus, carteiros, lojistas, artesãos, garçons, médicos, dentistas, enfermeiros, recepcionistas, professores, policiais, funcionários municipais, guardas de segurança, e assim por diante: alguns deles se confrontam como amigos, outros como inimigos, mas amigos ou inimigos *pessoais*, e não espécimes anônimos intercambiáveis e estereotipados de uma categoria abstrata.

Claro, em nossa densa população urbana pesadamente diasporizada, a maioria dos encontros é superficial e perfunctória, raramente chegando a algo mais profundo que uma espiadela rasa e categórica; estereotipar e uma reserva a priori, alicerçados em vigilância e suspeita, tendem, por isso, a ser expedientes bastante comuns, aos quais se recorre em nome da auto-orientação na paisagem complexa e volátil da cidade. Um número suficiente de espécimes individuais de diásporas compartilhando o espaço da cidade tende, entretanto, a ser extraído de seu anonimato e transferido para o reino das convivências pessoais face a face; porque os muros mentais que separam categorias abstratas são ultrapassados e corroem aos poucos, ainda que de maneira constante, a habitual estereotipia indiscriminada.

Se isso acontece, as costumeiras insígnias de "estrangeiros" (como cor ou matiz de pele, traços faciais, modos de vestir e de se comportar em público, pronúncia e entonação ao falar etc.) se tornam menos visíveis no decorrer do tempo e tendem a ser esquecidas; em vez disso, os espécimes de categorias alienígenas são submetidos a critérios de avaliação familiares, atinentes à personalidade, do tipo "colega de trabalho ou de escola amigável versus inamistoso", "vizinho cooperativo versus importuno", ou simplesmente "pessoa amável versus desagradável". À medida que tais contatos se tornam mais frequentes, e que os encontros se tornam menos superficiais, os critérios de avaliação pessoal se tornam indistinguíveis daqueles em geral aplicados ao escolher ou excluir amigos. O que conta no final é a atratividade da pessoa e a qualidade de seu caráter, o grau de confiabilidade, lealdade e fidedignidade. Traços originalmente registrados para estabelecer fronteiras e cavar trincheiras entre "nós" e "eles", para todas as intenções e propósitos práticos, são esvaziados e tornados irrelevantes para a seleção dos vínculos a serem estabelecidos – se é que chegam a ser notados.

E assim (de forma imperceptível, e não sob o clarão dos refletores, e espontânea, e não segundo planos preconcebidos, suscitada pela própria lógica da vida urbana e com lamentável frequência só percebida em retrospecto, em caso de benefício de percepção a posteriori) se prepararia e consolidaria, dia após dia, nas ruas da cidade, nas praças e nos edifícios públicos, mais uma condição para a coabitação humana pacífica e mutuamente benéfica, em geral negligenciada e até pisoteada e reduzida a uma massa pelas forças que flutuam no "espaço dos fluxos". Também no tocante a isso, o "plano médio", o "plano da própria sociedade do indivíduo", pode ser visto como um laboratório no qual modos futuros de coabitação humana, que terão se tornado indispensáveis pela globalização e emergido graças à forma de "glocalização" que ela tomou, são propostos e testados; e também pode ser visto como uma escola na qual os habitantes urbanos aprendem como aplicar esses modos na prática da vida compartilhada.

É difícil e desaconselhável subestimar o papel global que as "localidades" – e somente elas – podem desempenhar para construir e pôr em funcionamento, em caráter de urgência, os preceitos culturais muitíssimo necessários para lidar com os desafios lançados pela "interdependência global" dos residentes humanos do planeta, e estar à altura da tarefa de impedir que o planeta, junto com a humanidade, se destrua. Afinal, uma das razões fundamentais para que as premonições sombrias de Huntington tenham reverberado tão ampla e fortemente na opinião pública foi que o autor e seus leitores negligenciaram ou deixaram fora do quadro, por querer, ainda que por equívoco, esse "plano médio"; o plano que até aqui mantém coeso o nosso mundo glocalizado, ao mesmo tempo que serve como uma oficina na qual os modos e meios de tornar seu futuro seguro são procurados e têm uma chance de serem descobertos ou desenvolvidos.

Um excesso de democracia?

CB: Existe uma crise de democracia? Josef L. Fischer, num livro escrito nos anos 1930, considera que esta é sua condição normal.[13] Hoje nós falamos como se esse conceito tivesse viajado todo um trajeto, no ápice do qual havia uma condição ótima de liberdade, a qual em seguida começou a decair. Na realidade, nunca houve uma era de ouro na democracia. As aspirações, os mais importantes sistemas teóricos e as melhores intenções não foram exatamente postos em prática. A própria ideia de democracia é vaga e flutuante, às vezes indefinível em sua complexidade.

Nos tempos modernos, ela chegou a adquirir um conteúdo abstrato – a exemplo de outros termos positivos, como *liberdade* e *felicidade* – e a ser usada como chave mestra ou senha, um biombo para cobrir os piores tipos de opressão do homem pelo homem. Muitas formas de governo se definem como democráticas sem realmente sê-lo, com cínicas reservas mentais e intenção óbvia de enganar seus confrades cidadãos, que incitam apoio com base em falsas presunções e em promessas mais falsas ainda. Isso ocorre em tamanha extensão que hoje o termo "democracia" foi tão esvaziado de seu sentido original – *governo do povo pelo povo* –

que é considerado com ceticismo cada vez mais fatigado, senão com franca suspeita.

Luciano Canfora observou, não sem ironia, que nos tempos romanos o significado grego de *demokratía* era "domínio *sobre* o povo", a ponto de Dião Cássio, o historiador do período de Severo, referir-se ao ditador Sula como *demokràtor*.[14] A ambiguidade não se resolve nem voltando à Atenas de Péricles, onde, por reconhecimento unânime, o termo se originou. Também lá podemos ver a natureza imponente, e portanto em algum grau antitética a *liberdade*, da força usada pelo povo, não compreendida em sua totalidade, mas como maioria. Em sua observação acerca da boa governança de Péricles, Tucídides reconhece seu caráter libertário, *apesar* de as decisões serem tomadas por voto majoritário. Isso já mina a certeza de que a democracia coincide com a ideia que fazemos de perfeição política. Em resumo, esse ponto fraco já estava presente desde o início e só podia causar conflitos, dúvidas, ambiguidades subsequentes e a ação remediadora corrente, que tem sido implementada pela aplicação de princípios democráticos.

Se reconhecermos uma qualidade forçada na ideia de democracia, ou mesmo seu caráter de "ditadura" da maioria sobre a minoria, temos de admitir o quanto é difícil conciliá-la com a ideia de liberdade – a não ser que limitemos o direito à liberdade ao círculo daquelas pessoas privilegiadas que têm o poder de tomar decisões em nome de todos. A maioria também é um conceito relativo: nós devemos ter cuidado ao falar de democracia quando os tomadores de decisão são a maioria dos votantes do sexo masculino, ou cidadãos possuidores de certos títulos ou bens, ou são pertencentes a uma casta privilegiada, e não proprietários de terra. Houve uma variedade de opções, reservas, condições e subterfúgios, os quais seriam inacreditáveis se não fossem confirmados pelos livros de história.

E mesmo quando, após lutas exaustivas, sacrifícios e banhos de sangue, é possível aplicar o princípio do sufrágio universal, ainda não faltam desapontamentos. Os socialistas franceses do século XIX descobriram isso à sua revelia, durante a experiência da Comuna e o *coup d'État* de Luís Bonaparte. O fato de que *todos* possam votar não garante, em si, uma vitória popular, nem que a forma de governo produzida por eleições seja realmente do interesse do povo. Desde então, a esquerda vem se arrastando com esse erro histórico, esquecendo-se de que há muitas maneiras e truques para canalizar consensos e fazê-los ir na direção mais interessante para os que estão no poder. Basta pensarmos no fascismo e em todos os grandes regimes totalitários que basearam seu sucesso na exaltação das massas, no significado do sacrifício, em espetáculos e rituais. Eles favoreceram o grupo indistinto da maioria – quase todos –, mas sacrificaram a liberdade individual.

Deveria ficar evidente que a democracia no sentido pleno do termo – isto é, o governo de *todo* o povo – era difícil de implementar. Para evitar o caos, várias ações corretivas oportunas foram introduzidas para reduzir o número de ingovernáveis, inclusive o princípio de representação, com muitas inquietações.

Jean-Jacques Rousseau se refere à democracia no verdadeiro sentido da democracia ateniense na época de Péricles, a qual, mesmo então, tinha sérios problemas de compatibilidade com a ideia de liberdade, e admite que, "se o termo for tomado em seu sentido estrito, a verdadeira democracia jamais existiu e nunca existirá. É contra a ordem natural que a maioria governe e a minoria seja governada".[15] Ele prossegue, então, definindo os limites da democracia representativa:

> A soberania não pode ser representada, pela mesma razão pela qual não pode ser transferida; ela consiste essencialmente na vontade geral e não poderá ser representada; ou é ela mesma ou é outra coisa; não há outra possibilidade. Os membros eleitos do povo não são seus representantes, portanto, nem podem ser, mas são apenas seus agentes; eles não podem tomar decisões definitivas. Toda lei que o povo em pessoa não ratificou é vazia; não é lei.[16]

Assim, segundo as palavras de Rousseau, a democracia não existe e jamais existirá se considerarmos o termo em seu sentido real, isto é, "governo do povo". Hoje, entretanto, quando falamos em "democracia", queremos dizer alguma outra coisa. Temos consciência de que a fórmula nada mais é que uma convenção, um rótulo formal que damos a algo com significado mais abstrato e amplo, o qual contém tudo o que acreditamos ser correto, ótimo e funcional para a existência cívica. Algo que abrange liberdade, solidariedade, igualdade, respeito e observância do direito dos outros; uma ideia complexa que, como diria Morin, é maior que a soma de suas partes.

Tudo isso forma em nossa mente a ideia de democracia, um ideal de sociedade civil em nome do qual lutar e que não pode ser medido, ao contrário do progresso, em termos quantitativos. Portanto, devemos distinguir entre o significado original de "democracia" como "governo do povo" (prevalência da maioria) e o significado que lhe atribuímos hoje: liberdade, igualdade e respeito às minorias.

Pela transformação no sentido corrente da ideia de democracia, nós devemos agradecer a Alexis de Tocqueville, o primeiro a renunciar a seu conteúdo etimológico, em vista de fazê-lo adquirir significado mais amplo, de natureza social, indicando antes uma ideia de igualdade e uma tendência à extensão generalizada de um conjunto de direitos e deveres:[17] igualdade de direitos diante do Estado e tratamento igual perante a lei. Trata-se de uma democracia que tende a eliminar os privilégios da elite, a dar a todos as mesmas oportunidades e chances de aprimoramento.

Assim, trata-se de uma democracia que privilegia o individual, como na tradição cultural dos Estados Unidos, onde o princípio do *self-made man* é profundamente enraizado, juntamente com o espírito liberal na economia.

O exemplo dos Estados Unidos, onde a democracia adquire essa conotação nova e sem precedentes, que estava destinada a ser aceita e compartilhada em todo o Ocidente, subverte a ideia do poder opressivo da maioria e os medos de falta de liberdade que já estavam presentes na época de Péricles. Por um lado, testemunhamos a renúncia à ideia do poder popular forte, quase autoritário e despótico, irresistível – que a teoria marxista chega a manifestar como uma força revolucionária –, capaz de nivelar toda a sociedade. Por outro lado, consolida-se uma concepção mais branda de democracia, num sentido abstrato e ideal, mais determinado a garantir direitos iguais a todos os cidadãos, e não à maioria deles. É nesse duplo sentido do termo, depois de Tocqueville, que os destinos do Ocidente caminham, com alternação contínua da predominância de uma interpretação ou de outra, dependendo do momento histórico e da conveniência política.

A ambiguidade do termo "democracia", no escopo, na complexidade e às vezes na natureza contraditória do significado a ele atribuído, faz com que ele se preste – em especial durante a segunda metade do século XIX e o começo do século XX – a interpretações conflitantes, com resultados nem sempre satisfatórios. Em regimes monárquicos ou oligárquicos, despóticos e absolutistas, o significado de democracia é refletido no sentido forte, como substituição do poder do povo pelo de uma pessoa ou de uma minoria. Depois, porém, ele desponta em oposição à dificuldade de administrar um governo do tipo assembleia. De forma análoga, o marxismo entendia democracia como "ditadura do proletariado", mas depois delegou a gerência do poder político a uma pequena minoria, a uma elite privilegiada.

A ideia forte de democracia foi utilizada, entretanto, pelos regimes totalitários da direita para se livrar da influência disruptiva de uma massa turbulenta, incontrolável e incompetente, que conjecturava tomar em suas mãos, em nome de seu grande número, o destino do país. Para o fascismo e o nazismo, a democracia, assim entendida, era a ameaça mais séria a ser enfrentada por toda e qualquer forma de civilização, e foi precisamente por querer impedir as massas de obliterar a ordem social que eles impuseram o controle por meio de autoritarismo e totalitarismo, formas extremas e não liberais de controle pessoal, vocacionadas para a uniformidade e a conformidade. Uma opressão brutal e constante que, como esses regimes pretendiam, tem o poder de administrar a massa e ao mesmo tempo reservar a liberdade total de expressão e de ação para a fina flor, os eleitos, a classe dominante que se destaca do povo.

A democracia vem em muitas formas, mas, nos tempos modernos, desde sua afirmação graças à classe burguesa – "sem burguesia, não há democracia", escreve Barrington Moore Jr. –, ela escolheu a forma representativa,[18] isto é, a democracia parlamentar especial que não é levada a efeito de modo direto, mas pela eleição de representantes. Indiferentemente de quanto essa fórmula possa ser boa, e além de qualquer consideração acerca da legitimidade da representação – tema que Rousseau já discutira em *Do contrato social*, afirmando a incompatibilidade entre democracia e representação –, é evidente que a crise da modernidade trouxe com ela a crise da democracia representativa.

A história nos ensina que, em todo sistema político em declínio, os princípios legais continuam válidos e protegidos pelo Estado, mas são solapados a partir de dentro pela corrupção crescente; e, a partir de fora, pela perda de confiança do eleitorado; essa forma degradada está destinada a persistir, pelo menos até que o sistema imploda ou seja reformado em outras bases.

Nesse aspecto, a introdução da ideia de representação não pode ser considerada uma traição dos princípios democráticos, mas um abrandamento – uma mediação construída ao longo do tempo e que leva em conta as necessidades da maioria, mas não esquece a oposição e tenta salvaguardar a liberdade individual e, portanto, pessoal, a *kratía* do *demo* desmoronando para sempre.

A mediação é necessária para moderar as ambições dos capitães do povo, a agressividade das massas, as emoções inevitáveis que acompanham qualquer ação política. Todas as vezes que as massas buscaram se afirmar para praticar a forma mais pura de *democracia*, se opondo à injustiça, à corrupção ou ao desgoverno, materializou-se imediatamente um líder inevitável. Demagogos, guias, comandantes da massa se mostraram todos prontos a controlar protestos, dirigi-los e extrair disso o máximo de poder. O líder carismático que incita a multidão – a história sempre produz novos exemplos – é pior que o representante eleito.

Toda e qualquer renúncia à democracia representativa seria na verdade o fim do mundo tal como nós o conhecemos: mais que um retorno aos princípios básicos, seria um salto no escuro cujas consequências seríamos incapazes de prever. Isso poderia abrir os cenários mais diversos: desde um período de caos político até a tomada do poder por governos fortes, compostos por ministros nomeados a partir de cima, não eleitos e desqualificados politicamente; ou talvez – algo que parece mais provável – a eliminação da representação democrática, cada vez mais reduzida a mera aparência e afinal substituída por uma "governança" impessoal no âmbito global, com um grau cada vez menor de interferência de políticos e alto grau de controle social.

Isso seria muito parecido com o que já está acontecendo pelo rastreamento de telefones celulares, o uso da internet, os drones e câmeras nas cidades, apenas seria muito mais sofisticado e complexo. Será ainda uma democracia (uma definição de que ninguém quer abrir mão)? Poderia ser a democracia perfeita, pois o poder não seria representado por um grupo eleito, mas por uma rede difusa de funcionários que cumprem o seu dever em nome de uma causa maior. Seria realmente o poder do povo, pois não haveria ninguém do outro lado. Não existiria partido de oposição, apenas poder sem face contra o qual seria impossível rebelar-se, já que está dividido em milhares de pequenas entidades (estas certamente eletivas), com as quais seria possível interagir porque estão situadas no âmbito local e são visíveis, embora sempre mutantes e instáveis, porque subordinadas a ordens mais altas e não responsáveis pela escolha dos caminhos adotados.

Segundo Charles Tilly, falando de governantes em exercício, a "desdemocratização" é uma reação imediata à crise do regime quando "eles" veem "uma ameaça clara ao seu poder".[19] Cada vez que normas restringindo liberdades pessoais, medidas excepcionais ou limitações de direitos políticos são decretadas, há efeitos de desdemocratização. Análises desses efeitos têm sido realizadas com regularidade no âmbito internacional desde 1972, pela Freedom House, organização não governamental baseada em Washington.

O problema está sempre na difícil relação entre poder central e vontade popular. O processo de democratização é, a seu próprio modo, perverso e mistificador. Os dois adjetivos só explicam em parte a ambiguidade de uma ideia que se originou com sentido depreciativo, em oposição à liberdade individual. Depois ela entrou na linguagem cotidiana para indicar, com uma reversão semântica não habitual, a liberdade máxima que uma forma de governo pode garantir a seus cidadãos. A noção de democracia como sinônimo de participação, respeito pela vontade do povo, reconhecimento de direitos políticos e autodeterminação por meio de eleições livres com sufrágio universal foi usada por governos como selo ou certificado de garantia contra qualquer suspeita de autoritarismo, ditadura ou absolutismo.

Procurada, sonhada, intensamente desejada em todos os tempos, muitas vezes exigindo sacrifícios individuais, com a modernidade, a democracia assumiu um sentido ideológico oscilante, dependendo dos ambientes históricos, políticos e sociais nos quais era evocada.

Se é verdade, como foi destacado por Canfora,[20] que no final da Segunda Guerra Mundial o termo "democracia" foi apropriado por todos os partidos, governos e Estados que emergiram das experiências totalitárias, com a intenção de se distanciarem do passado, isso não quer dizer, entretanto, que a apropriação foi uma garantia de liberdade: na República Democrática Alemã, a Alemanha Oriental sob controle soviético, o uso do adjetivo "democrática" no nome oficial do país não impediu os cidadãos de tentar fugir para o Ocidente em todas as oportunidades que se apresentassem. Naqueles anos, o termo *democracia* substituiu o termo *popular*, para evitar qualquer confusão com aqueles regimes (de esquerda ou direita) que, apesar de se referirem ao povo, na verdade exerciam controle sobre as massas. Esses regimes fomentaram o populismo, a vulgarização e a aniquilação do real espírito do povo, simplesmente porque essas práticas tiram proveito dos piores instintos das massas em benefício do regime.

Assim, os termos seguem os destinos da política: se houve, no começo do século XX, uma proliferação da noção de *massas*, frequentemente com acenos significativos à esquerda, o segundo período pós-guerra foi marcado pela busca da *democracia*, rebaixada em todas as suas formas. Pode-se quase dizer que a *democracia* em seu sentido original e correto já não existia mais. Nós usamos a palavra para indicar algo completamente diferente, que adquire em nossas mentes o charme de um mundo antigo e a incomensurabilidade de um ideal. Trata-se, porém, de um ideal perdido, sua implementação prática foi ignorada, traída, rearranjada, invalidada e, na melhor hipótese, pressuposta ou tida como consumada.

Não obstante, nunca se falou tanto de democracia. As liberalizações seguintes, que acompanharam a história do movimento sindical no último século, chegaram até a dar a impressão de excesso de democracia e, por conseguinte, da possibilidade de se restringirem seus efeitos para garantir a governabilidade.

No entanto, há mesmo um excesso de democracia? Pode-se dizer que há um quê de paradoxo, já que ninguém parece estar sofrendo. O sentimento amplamente disseminado é, antes, o da existência de uma desconexão entre o cidadão e a política, de uma realização incompleta da representação democrática verdadeira. Se, para além da perfeição do laço da representação, pretendemos que haja direito de igualdade para os cidadãos perante a lei, direito de desfrutar dos mesmos serviços sociais, da mesma liberdade de pensamento, expressão e organização, então a coisa é muito diferente. Nesse caso, pode-se falar de "excesso" de democracia, a ponto de ser difícil contê-lo numa sociedade que não é mais homogeneizada – isto é, comprimida em parâmetros de comportamento e coesão coletivos.

O que envolve exatamente um excesso de democracia? Segundo Wolfgang Streeck em seu recente livro *Buying Times*, trata-se do pecado mortal da superabundância de garantias em duas linhas de frente: na frente privada, a alta taxa de sindicalização nos países ocidentais é responsável por incitar a alta do preço da mão de obra e introduzir um conjunto de regulamentações de proteção e defesa do emprego, a ponto de forçar o capital a mudar de lugar.[21] Na frente pública, há a dívida do Estado de bem-estar social, aumentada graças à pressão crescente da opinião pública no sentido de fornecer os bens e serviços essenciais necessários à melhoria da qualidade de vida das pessoas.

As consequências da combinação desses dois componentes induziu uma expectativa de bem-estar e segurança social muito acima das possibilidades realistas, o que, a longo prazo, desencadeou o processo inverso, num momento em que já não era mais possível manter o nível tão elevado. Segundo essa hipótese, o excesso de democracia é responsável pela crise financeira de 2008, uma espécie de *redde rationem* ("dia do juízo final") necessário para corrigir uma tendência impossível de se parar, e que teria levado à ruína.

Pós-democracia

ZB: Reproduzo aqui trecho de um livro meu anterior.

No artigo de Nathalie Brafman publicado no *Le Monde*, "Génération Y: du concept marketing à la realité", ela definiu a geração Y como "mais individualista e desobediente aos chefes, porém, acima de tudo, mais precária" – quer dizer, quando comparada às gerações *baby boomer* e X que a precederam.

Jornalistas, especialistas em marketing e pesquisadores sociais (nessa ordem) juntaram jovens de ambos os sexos entre vinte e trinta anos (ou seja, nascidos mais ou menos entre a década de 1980 e meados da de 1990) nessa formação (classe? categoria?) imaginada. O que se torna cada dia mais óbvio é que a geração Y composta por esses jovens pode ter uma reivindicação mais bem-fundamentada que suas predecessoras ao status de "formação" culturalmente específica, ou seja, uma autêntica "geração", e também um bem justificado apelo à atenção sensível de comerciantes, caçadores de notícias e intelectuais.

É comum afirmar que as bases para essa reivindicação e a justificativa para esse apelo são, em primeiro lugar, o fato de que os membros da geração Y são os primeiros a nascer num mundo em que já havia a internet e a conhecer, assim como a praticar, a comunicação digital em "tempo real". Se você compartilha a difundida avaliação da chegada da informática como um divisor de águas na história humana, é obrigado a ver a geração Y como um marco na história da cultura. E assim ela é vista, e consequentemente espionada, detectada e registrada. Como uma espécie de aperitivo, Nathalie Brafman sugere que o curioso hábito dos franceses de pronunciarem o "Y", quando ligado à ideia de geração, à maneira inglesa – como em *why* – pode ser explicado pelo fato de ser essa uma geração questionadora, em outras palavras, uma formação que não aceita nada sem questionamento. Permita-me acrescentar de imediato, porém, que as perguntas que essa geração tem por hábito apresentar são amplamente dirigidas aos autores anônimos da Wikipedia ou aos amigos do Facebook e viciados no Twitter – mas não a seus pais, chefes ou "autoridades públicas", dos quais não parecem esperar respostas relevantes, muito menos legítimas, confiáveis e, portanto, dignas de atenção.

A profusão de perguntas, creio eu, como ocorre com tantos outros aspectos da sociedade consumista, é uma demanda guiada pela oferta; com um iPhone tão bom que parece implantado no corpo, há montes de respostas rodando 24 horas por dia, sete dias por semana, à procura febril de perguntas, assim como multidões de mascates em busca de uma demanda para seus serviços. Outra suspeita: será que as pessoas da geração Y passam tanto tempo na internet porque são atormentadas por perguntas com cujas respostas elas sonham? Ou seriam as perguntas que elas fazem, uma vez conectadas a suas centenas de amigos do Facebook, versões atualizadas das "expressões fáticas" de Bronislaw Malinowski ("Como vai você?", "Como você está?", locuções cuja única função é realizar uma *tarefa associativa*, em oposição a *transmitir informação*, sendo a tarefa nesse caso anunciar nossa presença e disponibilidade para nos relacionarmos, não muito diferente da "conversa trivial" que se leva para aliviar o tédio, mas acima de tudo para escapar da alienação e da solidão numa festa cheia)?

Os membros da geração Y são de fato mestres inigualáveis na arte de surfar nas vastidões infinitas da internet, e também em "estar conectado". Eles constituem a primeira geração da história a avaliar o número de amigos (palavra que hoje se traduz como companheiros de conexão) às centenas, quando não aos milhares. E a primeira a gastar a maior parte de seu tempo de vigília associando-se por meio da conversa – embora não necessariamente em voz alta e poucas vezes com frases completas.

Tudo isso é verdade. Mas seria toda a verdade sobre a geração Y? Que dizer daquela parte do mundo que eles ainda não vivenciaram e nem poderiam, e sobre a qual eles têm poucas oportunidades (se é que têm alguma) de aprender e de ver diretamente, sem algum tipo de mediação eletrônica/digital, e das consequências desse inevitável encontro? Aquela parte que, não obstante, tem a pretensão de determinar as demais partes, e talvez as mais importantes de suas vidas?

É esse "demais" que contém aquela parcela do mundo responsável por fornecer outra característica que separa a geração Y de suas antecessoras: a precariedade do lugar que lhe foi oferecido pela sociedade e diante do qual ela luta, com sucesso apenas relativo, para ingressar. Vinte e cinco por cento das pessoas abaixo de 25 anos de idade permanecem desempregadas na França. A geração como um todo está presa aos *contrats à durée determinée* (contratos de duração determinada, CDDs) e *stages* (estágios) – ambos expedientes cruel e impiedosamente exploradores. Se em 2006 havia cerca de 600 mil *stagiaires* na França, seu número atual é estimado entre 1,2 e 1,5 milhão. Para muitos, a visita a esse purgatório líquido moderno recategorizado como "estágio" é uma necessidade indispensável; concordar com expedientes como CDDs ou *stages* e submeter-se a eles é condição necessária para que se alcance, na avançada idade de trinta anos, a possibilidade de um emprego em tempo integral de duração "infinita" (?).

Uma consequência imediata da fragilidade e da transitoriedade inerente às posições sociais que o chamado "mercado de trabalho" oferece é a profunda mudança de atitude, amplamente sinalizada, em relação à ideia de "emprego" – em especial de emprego estável, seguro e confiável para determinar a posição social e as possibilidades de vida, a médio prazo, de quem o exerce. A geração Y é marcada pelo inédito e crescente "cinismo em relação ao emprego" – e isso não surpreende, já que Alexandra de Felice, por exemplo, famosa comentarista do mercado de trabalho francês, prevê que, se prosseguirem as atuais tendências, um membro regular da geração Y será obrigado a mudar de chefe e de empregador 29 vezes ao longo de sua vida de trabalho. Alguns outros observadores, porém, como Jean Pralong, professor da Escola de Administração de Rouen, exigem mais realismo ao se estimar a probabilidade de os jovens combinarem o ritmo da mudança de emprego com o cinismo de suas atitudes em relação a ele: num mercado de trabalho com as condições atuais, seria necessário ter muita ousadia e coragem para desrespeitar o chefe e lhe dizer na cara que seria melhor ir embora a ficar numa chatice daquelas. De acordo com Jean Pralong, os jovens preferem aceitar seu melancólico destino, não importa quão opressivo ele seja, se lhes permitirem ficar por mais tempo em seus semiempregos. Mas poucas vezes isso lhes é permitido, e, quando acontece, os jovens não sabem quanto tempo vai durar a suspensão de sua sentença.

De uma forma ou de outra, os membros da geração Y diferem de seus predecessores por uma ausência total ou quase total de ilusões relacionadas ao emprego, por um compromisso apático com os empregos que têm e com as empresas que os oferecem, e pela firme convicção de que a vida está em outro lugar; e eles têm o desejo de viver em outro local. Essa é uma atitude que dificilmente se encontraria entre os membros das gerações *baby boomer* e X. Alguns dos chefes admitem que a culpa é deles, e relutam em colocar nos jovens a responsabilidade pelo desencanto e indiferença prevalecentes.

Brafman cita Gilles Babinet, empresário de 45 anos que lamenta a expropriação sofrida pela geração jovem de toda ou quase toda autonomia que seus pais tinham e preservaram com sucesso – orgulhando-se de terem os princípios morais, intelectuais e econômicos de que sua sociedade seria a guardiã e dos quais ela não permitiria que seus membros se afastassem. Ele acredita que o tipo de sociedade introduzido pela geração Y, pelo contrário, é qualquer coisa, menos sedutor. Se tivesse a idade desses jovens, admite Babinet, ele iria se comportar exatamente do mesmo modo.

Quanto aos próprios jovens, eles são tão cegos quanto é inequívoca sua situação. Não temos a menor ideia, dizem eles, do que o futuro nos reserva. O mercado de trabalho mantém resguardados seus segredos como se fosse uma fortaleza impenetrável, e não há muito sentido em tentar esgueirar-se para dentro, muito menos em derrubar os portões. Quanto a adivinhar suas intenções, é difícil acreditar que elas existam. As mentes mais resolutas e instruídas são conhecidas sobretudo pelos abomináveis erros que cometem nesse jogo de adivinha. Num mundo perigoso, não temos escolha senão jogar, seja por opção ou por necessidade. No final, isso não faz diferença, não é mesmo?

Bem, esses relatórios sobre o estado de espirito são incrivelmente similares às confissões dos mais ponderados e sinceros entre os *precários* – os membros do precariado, segmento que cresce com maior rapidez em nosso mundo pós-colapso do crédito e pós-confiança. Os precários são definidos por terem suas casas erguidas (juntando cozinhas e quartos de dormir) sobre areias movediças e por sua autoconfessada ignorância ("Não faço ideia do que vai me atingir") e impotência ("Mesmo que eu soubesse, não teria o poder de desviar o golpe").

Até agora pensava-se que o surgimento e a expansão formidável, de certa forma explosiva, do precariado, sugando e incorporando mais e mais membros das antigas classes média e trabalhadora, fossem fenômeno nascido de uma estrutura de *classes* em rápida transformação. De fato é. Mas também não é, além disso, uma questão relacionada à mudança da estrutura *geracional*? De produzir um estado de coisas em que a sugestão "diga-me o ano de seu nascimento e eu lhe direi a que classe social você pertence" não parece fantasiosa demais?[22]

CB: Para explicar a fase de declínio do processo de democratização, Colin Crouch introduz o conceito efetivo de "pós-democracia" como uma "crise de igualitarismo e de trivialização do processo democrático", na qual a política perde cada vez mais acentuadamente o contato com os cidadãos e acaba produzindo uma condição inquietante que poderia ser definida como "antipolítica".[23]

Hoje nós falamos em antipolítica ao tratar das manifestações de ultraje contra corrupção, escândalos, desperdício de dinheiro público e sua malversação por interesses privados; contra a ineficiência de controle ético relatada na administração pública e na maioria dos partidos políticos. O resultado disso só poderia ser indignação profunda, seguida por um afastamento da política com impressão de nojo e futilidade. Isso é observado com regularidade no baixo comparecimento às urnas. Não obstante, diz-se também que o baixo comparecimento é normal em países democráticos, que é um sinal positivo.

Ainda assim, o afastamento da política só pode levar a sérias consequências, as quais a história contemporânea já experimentou: a antipolítica é igual à definição da política como "uma coisa suja", algo com que a gente não deve se envolver, a ser deixada para os que fazem política profissionalmente e "se sacrificam" pelos outros. Esse é o caminho direto para o autoritarismo, já aproveitado por Mussolini como estratégia para alcançar o poder.

Além disso, o problema da representação ou delegação política sempre foi debatido, muitas vezes colocando democracia e representação em lados opostos, como termos irreconciliáveis. Rousseau advertiu contra a tendência fácil de delegar soberania popular a terceiros por indolência, por deixar que esses terceiros cuidem de assuntos que são seus, por compromissos familiares ou meramente por desdém. Essa é uma escolha ruim, que tem consequências letais para a liberdade pessoal. Uma vez estabelecida, a democracia pode ser contornada de muitas maneiras. Decerto não é uma vitória que possa ser alcançada com facilidade, considerando-se a facilidade com que ela pode ser posta em questão.

Entre os efeitos que caracterizam a pós-democracia, podemos listar:

(a) Desregulamentação, isto é, o cancelamento das regras que governam as relações econômicas e a supremacia do mercado financeiro e das bolsas de valores.
(b) Queda na participação dos cidadãos na vida política e nas eleições (embora com frequência isso seja considerado normal).

(c) Retorno do liberalismo econômico (neoliberalismo), confiando ao setor privado parte das funções do Estado e os serviços de administração – antes "públicos" – e usando os mesmos critérios de desempenho econômico que as empresas privadas.

(d) Declínio do Estado de bem-estar social, reservando serviços básicos apenas aos mais pobres, isto é, como circunstância excepcional, e não como parte de um direito generalizado de todos os cidadãos.

(e) Prevalência de lobbies, o que aumenta o poder privado e conduz a política na direção por eles desejada.

(f) Show business na política, quando técnicas de propaganda são empregadas para produzir consenso; predominância da figura do líder que não se apoia em seu carisma, mas confia no poder da imagem, em pesquisas de mercado e em projetos precisos de comunicação.

(g) Redução de investimentos públicos.

(h) Preservação dos aspectos "formais" da democracia, a qual pelo menos mantém a aparência de garantia da liberdade.

Existe alguma diferença entre a "pós-democracia" de Crouch e a "desdemocratização" de Tilly? À primeira vista, parecem dois termos para denotar o mesmo conceito, isto é, a diminuição das garantias democráticas alcançadas por meio da longa e dura luta das pessoas em seu nome. Na verdade, são dois processos diferentes, os quais podem até se combinar e causar danos devastadores no tocante à perda de liberdade. A desdemocratização pressupõe o cancelamento efetivo de certas prerrogativas democráticas, com frequência por períodos curtos ou visando a lidar com eventos excepcionais (terrorismo, catástrofes naturais). A pós-democracia, ao contrário, é um processo sub-reptício, apresentado como "natural", que garante liberdades formais ao mesmo tempo que as rebaixa ou esvazia de seu real conteúdo democrático.

Conforme observou Tilly no caso da Índia, a recuperação a partir de uma "desdemocratização" é possível – isto é, é possível sair ileso e recuperar o tempo perdido.[24] É mais difícil emergir da "pós-democracia", porque ela é impulsionada por fortes interesses compartilhados e tornou-se agora parte da cultura do nosso tempo: o exemplo clássico é a introdução de empregos ou contratos com prazo determinado, o que normalizou a insegurança no emprego, com os prazos determinados descritos como prática necessária para satisfazer a demanda de flexibilização da indústria.

Wolfgang Streeck sugere que a crise financeira em curso é uma consequência do fracasso da democracia, ao mesmo tempo que também é possível que ela tenha sido induzida ou controlada para recriar desigualdade social e reduzir a democracia.[25]

Outras características convergem no interior dessa estrutura ou perspectiva, inclusive a privatização em nome do progresso, do lucro e da eficiência; a retirada de capitais investidos em interesses nacionais e sua "desmaterialização" nos mercados financeiros; o colapso do modelo keynesiano ou, de modo mais geral, da intervenção governamental na economia e sua substituição por um modelo hayekiano.[26] Um resultado disso são os recursos minguantes: nós somos relativamente mais pobres agora do que éramos cinquenta anos atrás, todavia, temos mais tecnologias disponíveis e meios de nos comunicar com facilidade – e isso também tem suas consequências sociais.

A luta entre "capitalismo e democracia" está agora na fase da ascensão do capitalismo, pelo menos até que as reações do grupo democrático comecem a ser sentidas, visando à recuperação do terreno perdido num difícil ato de equilíbrio.

O fato é que a presente condição de *defaillance* democrática se deve sobretudo à crise do Estado, à sua incapacidade de atuar como interlocutor forte e decisivo na mediação social, como regulador da economia, como garantidor da segurança. Tanto é assim – reafirma Streeck – que as "companhias privadas de seguro substituíram os governos e a política como provedores de segurança social".[27]

A *desregulamentação*, procedimento ambíguo em vista da destituição de poderes públicos e que gera uma impressão subjacente de "libertação" de regras restritivas demais, é o primeiro passo rumo ao neoliberalismo, à privatização de serviços e à redução drástica do

Estado de bem-estar social, o que arruína o equilíbrio orçamentário: uma contradição em termos, pois ele não é uma empresa pública e não visa ao lucro, mas deve prover serviços sociais e redistribuir riqueza. Administrá-lo segundo os termos impostos pela União Europeia, que convenceu seus Estados-membros a incluir a prática de balanços equilibrados em sua constituição, significa abrir mão de suas prerrogativas essenciais e fomentar a desigualdade de seus cidadãos. De um excesso de democracia, nós passamos, num salto repentino, à pós-democracia, com o único propósito de ganhar tempo enquanto esperamos até as coisas se acertarem por si mesmas. As pessoas se esquecem e se habituam – depois se entregam –, vendo que privilégios são garantidos apenas a poucos. Trata-se de uma fórmula que, além de enfraquecer o Estado-nação e despojá-lo de seu poder, trabalha no interesse do capitalismo, que, ao levar a cabo as operações de *desregulamentação* e de libertação das reservas impostas pelo Estado-nação, encontra uma oportunidade inesperada de crescer e se consolidar.

Quanto à flexibilização do trabalho, vem se disseminando com sutileza a ideia de que ela teria sido fomentada pela introdução das mulheres no mercado de trabalho.[28] Isso é quase dizer que as trabalhadoras favoreceram e buscaram a flexibilidade por conveniência própria (conforme compatível com suas necessidades familiares) e para encontrar novas maneiras de serem contratadas. Decorre disso que o mundo feminino em busca de autonomia financeira é responsável por contratos de prazo fixo, o resultado mais chocante da pós-modernidade e o apogeu do neoliberalismo.

Nessa extraordinária inversão da realidade, na qual o resultado se torna a causa dos fatos, podemos vislumbrar um preconceito inerente ao fascismo, que via o mundo como se fosse psicologicamente masculino, só podendo ser garantido pela unidade e solidariedade entre os homens. Deve-se dizer também que o trabalho das mulheres não surgiu nos anos 1990, quando os países ocidentais começaram a corroer os vários direitos de proteção do emprego conquistados no período pós-guerra e sancionados por um conjunto de leis em geral conhecidas como "estatuto dos trabalhadores". Até então, a flexibilidade no mercado de trabalho era a favor dos trabalhadores, sobretudo para permitir empregos em período parcial, flexibilidade dos horários de trabalho e oportunidade de mudar de emprego. Os dados estatísticos sobre a extensão do trabalho feminino na Europa e nos Estados Unidos demonstram a presença das mulheres, especialmente nos empregos públicos, mas não servem para justificar a redução das garantias sindicais.

À medida que a ideia neoliberal recupera forças, trazendo mais benefícios para o capital, tornando-o mais lucrativo, a opção da flexibilidade se estende aos empregadores, introduzindo a possibilidade de contratos de prazo fixo ou prazo curto, necessários para satisfazer às necessidades temporárias de produção e, portanto, isentos das regras sindicais e da inflexibilidade dos contratos de emprego. Ardilosamente apresentada como uma forma não costumeira e excepcional, voltada para a promoção do emprego e para propiciar novas oportunidades para jovens e mulheres, ela foi bem-vinda e apoiada pela mídia e também pelos partidos de esquerda, que não compreenderam seu potencial negativo de desordenar o mercado de trabalho e revigorar o capitalismo, depois de um longo período de ofuscamento.

Quanto à desmaterialização do capital, esse é um fenômeno a ser considerado com atenção em sua extraordinária capacidade de inovar radicalmente a economia – uma mudança imprevista, que nenhuma teoria anterior tinha considerado e cujas sérias consequências sociais nenhuma teoria poderia perceber.

Na economia tradicional, o capital tem uma forma concreta e visível. É integrado por terras, fábricas, máquinas para manufatura. Portanto, tem um peso e uma permanência territorial. Na Revolução Industrial, a presença do capital era simbolizada por chaminés que enchiam o céu de fumaça nas áreas mineiras; no século XIX, pelas massas trabalhadoras que saíam das fábricas no final do turno; no século XX, pelos arranha-céus das grandes holdings americanas. A fábrica é um local físico em que se estabelecem a continuidade de interesses e as condições existenciais favoráveis à formação da consciência de classe.

Entretanto, a desmaterialização do capital – isto é, sua transformação (ou liquefação) em produtos financeiros que, dada a sua natureza, podem ser transferidos de um ponto a outro do globo e investidos em diferentes ativos – rompe com essa tradição e viabiliza a emancipação da política. Ela liberta o capital das restrições da tradição social que o Estado conseguiu lhe impor. Essa "liquefação" do capital, que tem sua contrapartida inevitável na sociedade líquida,[29] limita gravemente a possibilidade de intervenção do Estado na economia, a qual, na primeira metade do século XX e particularmente depois da grave crise de 1929, representara o sonho de uma resoluta aliança entre capitalismo e democracia.

Entre as razões para a liquefação do capital, podemos verificar a desmaterialização do trabalho, isto é, a desativação da indústria pesada; a pós-industrialização da terceira Revolução Industrial, que tornou obsoletas as grandes fábricas, empregando imensos contingentes de trabalhadores; o crescimento exponencial de serviços e a automatização dos processos de produção; a miniaturização e novas tecnologias.

Esse processo, que começou nos anos 1970 e se desenvolveu ao longo dos trinta anos seguintes, libertou o capital de seu compromisso contingente, livrou-o de investimentos de longo prazo e, por assim dizer, despojou-o de todo e qualquer propósito definido. Assim, pode-se dizer, e não sem certo grau de ironia, que o capital – no processo de desindustrialização – foi o primeiro "elemento inseguro" da nova fase econômica.

Ele é obrigado a buscar, de tempos em tempos, novas oportunidades de investimento, sempre pronto a mudar de rosto, substância e local – com frequência apenas virtual – sob risco de evaporar num piscar de olhos, pelas escolhas infelizes e erros de *timing*. Mas ele é forte o bastante, mais que nunca, para aproveitar as melhores oportunidades e explorá-las a seu favor, respeitando os princípios da livre competição e de um *laissez-faire* revivido e sem limites, a que nenhum Estado-nação é capaz de se opor.

A questão crucial ainda é o controle social: quando uma comunidade, um grupo ou uma população foge ao controle, isso sempre gera uma contrarreação. Trata-se de um reflexo de que nada há de espontâneo quanto a isso, mas respostas a necessidades políticas de ordem e equilíbrio. O que foi admissível e concedido, garantido e permitido numa sociedade de massa já não é mais factível numa sociedade desmassificada.

O equilíbrio perfeito do totalitarismo reside em garantir certos privilégios em troca de liberdade; o da sociedade de massa, em um grau de liberdade formal em troca de consumismo e conformidade. A *liquefação* social surge na verdade com uma disseminação incontrolável, a qual, aos olhos do sistema, não é mais compreensível e é ininterrupta. Ao longo do tempo, o sistema perdeu a maior parte dos seus instrumentos efetivos para o exercício de controle, direta (autoritarismo, ditadura) ou indiretamente (unidade de propósitos, consumismo, monopólio das comunicações, ilusão das massas com a discurseira da mídia). Ele nem sequer pode empregar o suporte encorajador de ideologias para manter a agregação dos grupos sociais em bases totalmente acríticas, fiando-se na persuasão emocional e irracional.

Para recuperar o controle e restaurar a ordem que foi alterada, é necessário impor uma revisão das regras. Seria impossível fazê-lo pela força (uma escolha anti-histórica), e menos ainda confiando em algum consenso da mídia.

O instrumento mais adequado aos nossos tempos só pode ser a economia. Decerto ela tem potencial para trabalhar num mundo líquido. Ela vai além da compreensão da maioria das pessoas, é complexa a ponto de ser difícil até para seus agentes e partícipes. É transitória, móvel e facilmente influenciável. Não está sujeita à democracia, pois não é possível recorrer ao sufrágio universal para influenciá-la. Tem suas próprias regras e consequências definidas. É a única certeza inequívoca de um mundo liquefeito e inseguro. As manobras econômicas têm repercussão imediata para a democracia; elas conseguem mais do que a lei e as revoluções para estabelecer a igualdade e a desigualdade entre os homens.

Qual a utilidade de todos serem iguais no papel, terem as mesmas oportunidades e a mesma liberdade de ação e pensamento, se só são necessárias algumas poucas restrições econômicas para colocar tudo em questão?

Trazer de volta as diferenças sociais, restaurando prioridades, possibilita ao sistema adquirir e manter o controle social. Empobrecer significa dividir e controlar, colocar os setores mais fracos da população em posição de não ter acesso aos mesmos benefícios que antes, excluí-los de possibilidades e separá-los dos mais afortunados. Na verdade, privá-los de liberdade, mesmo que a liberdade e a democracia sejam exaltadas em todas as oportunidades. As vítimas da crise econômica estão isoladas, têm medo, têm depressão e estão sozinhas ao enfrentar o futuro incerto.

Impermanência e instabilidade se refletem em todos os aspectos da vida cotidiana, do trabalho aos relacionamentos românticos, os quais influenciam até a arquitetura e a indústria manufatureira (nós construímos casas que têm um período de vida útil limitado; produtos da indústria hipertecnológica que rápida e inevitavelmente estarão obsoletos), numa frenética corrida contra o tempo. A sociedade líquida é uma sociedade que flui velozmente, desgastando e corroendo tudo com rapidez crescente e, por essa razão, existe em estado de evolução constante: o estado de transição é o seu estado estável.

Por uma nova ordem global

CB: O conceito de democracia é móvel e flutuante, e está destinado a evoluir juntamente com a sociedade. Pense apenas na transformação pela qual ele passou na época de Tocqueville: de governo do povo, temido por suas implicações não liberais (a ditadura da maioria), o conceito adquiriu sentido muito mais amplo, significando – com base na experiência americana – a aspiração geral rumo à igualdade e aos direitos iguais para todos.

É óbvio que desde então, desde a primeira metade do século XIX, a ideia de democracia não poderia ter continuado a mesma, sem sofrer as repercussões de uma sociedade que muda tão depressa.

Nós tínhamos de esperar uma escalada de protestos nas ruas, nos lugares em que as condições de vida são mais estressantes, pois é a economia, como sempre, que instiga a revolta. Por trás dela, porém, há sempre a necessidade real de mudança, da qual muitas vezes os próprios protagonistas não têm consciência.

Os protestos no Egito, na Turquia e no Brasil sugerem um agravamento da crise da democracia em que os cidadãos desempenham um papel de importância maior. Eles estão muito mais atentos e vigilantes que as massas passivas tradicionais, que se desinteressavam da política depois de elegerem os líderes. Já não podemos mais falar de massas, mas de multidões, e isso não é simplesmente uma questão de diferença semântica. As novas diferenças sociais são necessárias para restaurar as margens de poder que a democracia corroeu, permitindo que o processo de autoconsciência individual se desenvolvesse on-line. A autoconsciência é equivalente à libertação dos nossos próprios impulsos e, assim, à revolução contra a ordem, a uma recusa de aceitar regras impostas a partir de fora. Por essa razão, toda autoridade constituída, desde as mais antigas comunidades até a própria sociedade moderna, tenta em primeiro lugar e acima de tudo implementar o controle social.

Ao considerar os movimentos espontâneos inovadores que foram criados na internet, como Occupy Wall Street, os Indignados e a Primavera Árabe, Manuel Castells se esquece de que eles nada mais são que consequências de um afrouxamento do controle social, cujos exemplos se repetem ao longo de toda a história, cada vez com características e modalidades diferentes, quando a autoridade de instituições e governos começam a sofrer crises.[30] Contudo, esses movimentos não são a causa, mas a consequência direta e socialmente significativa dessas crises. Eles são um sinal tangível de que o sistema não é mais capaz de absorver a tensão, e de que novos equilíbrios sociais devem ser encontrados – pouco importa se são produzidos por revoluções, reformas ou novas eleições.

Diante do processo de desmassificação, a *governança* no plano supranacional recupera o controle do individual usando a crise econômica e promovendo novas diferenças sociais. O longo e doloroso caminho para a democratização e a eliminação da desigualdade social, que começou no século XIX, envolveu um processo de revisão radical, quase uma *restauração* por intermédio da economia. Hoje, a economia é o instrumento mais efetivo de controle social, como foi o consumismo nos anos 1960 e 1980, o totalitarismo nos anos 1930 e a urbanização forçada no século XVIII.

Contudo, se permitirmos que a economia e os mercados dirijam as nossas vidas, vamos nos encontrar numa sociedade globalizada com diferenças sociais marcadas, composta de uma maioria empobrecida privada de garantias e de serviços, subjugada numa espécie de igualdade, ao lado de uma minoria privilegiada. Privilegiada não só por causa de sua alta renda, mas também porque desfruta de certas concessões e da oportunidade de acesso a todos os tipos de benefícios.

Uma divisão social profunda, muito mais radical que a oposição tradicional entre massas e elite, representará uma *superclasse* – tal como sugerido por Richard Rorty na epígrafe citada –, mas sob forma mais exasperadora e generalizada.

E quanto aos outros? Aqueles que vivem uma vida média?

A sociedade desmassificada atingiu um nível perfeito de igualdade: uma sociedade de indivíduos empobrecidos, gratificados pela indústria de alta tecnologia e pelo grande conforto da comunicação interpessoal, mas que são incapazes de exercer política autorregulada, porque ela foi tirada de seu controle.

Distanciada, posta de lado, desmaterializada, incompreensível, estas são as características da nova política – dirigida, em essência, por decisões econômicas –, completamente separada dos cidadãos e implicitamente delegada *aos altos executivos do governo* do poder global sem face. O cidadão comum só pode ter responsabilidade no âmbito da política local, que não tem esfera de ação significativa e está limitada à gerência de assuntos de rotina – quase como reuniões de condomínio, nas quais os custos ordinários e extraordinários de manutenção são gerenciados, e pode-se encontrar conforto no eterno jogo da representação.

Numa sociedade desmassificada, nós não falamos mais de representação *real*. Que necessidade há de representação no nível mais alto (considerando que o cidadão comum não entende as complexas questões econômicas de âmbito global e não tem competência para tomar decisões) quando a democracia – isto é, a real democracia, aquela que realmente interessa ao povo – é realizada plenamente nas questões do dia a dia? Governo do povo não é democracia? E as pessoas se tranquilizam com o governo perfeito da autonomia local, de escolhas e recursos que as preocupam.

Assim, a questão da separação entre poder e política será resolvida *democraticamente*: poder e política unidos no âmbito local, cuja jurisdição é reservada a um poder (econômico) sem política. Além disso, não podemos falar da existência de um *cidadão global*, mas apenas de um cidadão local afetado pela globalização. Quem pode dizer que isso não é um progresso? Todos são iguais perante as grandes leis da economia, dos movimentos inescrutáveis do mercado econômico. Todos são privados de garantias sociais obsoletas; todos são precários, inseguros e empobrecidos.

As pessoas foram liberadas da obsessão do consumismo, da opressão do propósito único, da cultura de massa; estão livres para pensar, expressar opiniões, comunicar e participar; livres de tensão e de trabalho. As crises têm um imenso poder libertador, mas democracia é outra coisa.

ZB: Eu não estou preparado, temo, para visualizar (e muito menos desenhar uma planta) da "nova ordem global". Como insistiu Reinhart Koselleck, que já mencionei, eu seria completamente irresponsável ao fazê-lo enquanto estamos escalando, como estamos agora, uma encosta íngreme, e ainda estamos longe do desfiladeiro que nos permitirá (o que só podemos esperar) ver o que há do outro lado do cume da montanha. O máximo que podemos ousar é pensar nos obstáculos intransitáveis no caminho para o topo. Nas coisas que teremos que transpor ou remover do caminho se um dia nos couber alcançar o desfiladeiro para uma nova ordem. Alguns desses obstáculos estão arrolados no começo da nossa conversa, por isso não há necessidade de citá-los outra vez. Permita-me, contudo, acrescentar mais um à lista, em minha opinião, um dos obstáculos mais formidáveis, e o menos fácil de negociar, um dos que mais decisivamente barra a nossa ascensão e a nossa chance de um dia alcançar o desfiladeiro – embora tenha sido indevidamente omitido até aqui em nossa discussão. O que tenho em mente é o que chamei em outro texto (em *Vida para consumo*) de "síndrome consumista".[31]

A síndrome consumista pressupõe a totalidade do mundo habitado – completo, com seus ocupantes inanimados e animados, animais e humanos – como um imenso contêiner cheio até a borda de apenas e tão somente objetos de consumo. Por conseguinte, isso justifica e promove a percepção, estimativa e avaliação de toda e cada uma das entidades terrenas segundo os padrões instituídos nas práticas do mercado de consumo. Esses padrões estabelecem relações inflexivelmente assimétricas entre clientes e mercadorias, consumidor e bens de consumo: os primeiros esperando dos segundos a gratificação de suas necessidades, desejos e carências, ao passo que os segundos derivam seu único significado e valor do grau em que satisfizeram essas expectativas. Consumidores têm a liberdade de separar os objetos desejáveis dos indesejáveis ou indiferentes – bem como são livres para determinar em que medida os objetos considerados desejáveis corresponderam às suas expectativas e por quanto tempo conservaram intacta sua suposta capacidade de ser desejado.

Trocando em miúdos, são os desejos do consumidor, e somente eles, que contam de ponta a ponta. É somente nos comerciais (como na memorável propaganda de TV que apresenta colunas de cogumelos em marcha entoando "Abram alas para os cogumelos!") que os objetos do desejo compartilham os prazeres de seus consumidores ou padecem de angústias de consciência quando frustram suas expectativas. Ninguém realmente acredita que os objetos de consumo, "coisas" arquetípicas destituídas de sentidos, pensamentos e emoções próprias, se melindrariam com a rejeição ou o término de seus serviços (com o fato de serem relegados a um depósito de lixo). Entretanto, por mais satisfatórias que tenham sido as sensações do consumo, seus beneficiários não devem nada às fontes de seus prazeres. Com toda certeza, eles não precisam jurar lealdade ilimitada aos objetos de consumo. As "coisas" destinadas ao consumo só retêm sua utilidade para os consumidores – sua única e exclusiva *raison d'être* – enquanto sua capacidade estimada de dar prazer permanecer inalterada.

Uma vez que a capacidade de gerar prazer cai abaixo do nível postulado ou suportável/aceitável, chegou a hora de livrar-se da coisa lisa e fria – a réplica pálida, desestimulante, ou antes a feia caricatura do objeto que outrora resplandecente/tentador suscitava o desejo. A causa de sua degradação e descarte não é necessariamente uma mudança importuna (nem qualquer mudança nesse tocante) que tenha ocorrido no objeto ele mesmo. Em vez disso, talvez seja – e com lamentável frequência é – algo que aconteceu nos conteúdos da galeria em que os futuros objetos de desejo são exibidos, procurados, vistos, apreciados e apropriados. O objeto antes ausente ou negligenciado que de algum modo está mais bem equipado para dar profusas sensações aprazíveis, e assim é mais tentador que o já possuído e usado, agora foi reconhecido na vitrine ou na prateleira da loja. Ou talvez o uso/gozo do objeto de desejo corrente tenha durado tempo suficiente para incitar uma espécie de "fadiga de satisfação", em especial em função das substituições potenciais que ainda não foram tentadas, e que, por isso, pressagiam novas delícias até então não experimentadas, desconhecidas e não provadas, tidas, exclusivamente por essa razão, como superiores e, portanto, dotadas (pelo menos no momento) de maior poder sedutor. Qualquer que seja a razão, torna-se cada vez mais difícil – não, impossível – imaginar por que a coisa que perdeu grande parte ou toda a sua capacidade de entreter não deveria ser despachada para o lugar que agora lhe é próprio: o lixo.

Contudo, e se acontecer de a "coisa" em questão ser mais uma entidade senciente e consciente, sensível, pensante, capaz de julgar e de escolher, em resumo, outro ser humano? Por mais estranho que possa parecer, essa pergunta nada tem de extravagante.

· Notas ·

1. Crise do Estado *(p.9-69)*

1. E.J. Hobsbawm, "Nations and nationalism in the new century", Prefácio a *Nationen und Nationalismus: Mythos und Realität seit 1780*, Campus, 2005.
2. É. Balibar, *Cittadinanza*, Bollati Boringhieri, 2012.
3. Z. Bauman, "Communitas. Uguali e diversi nella società liquida", Aliberti, 2013.
4. Balibar, op.cit., p.39.
5. Ibid., p.136.
6. Hobsbawm, op.cit.
7. W. Brown, "Neoliberalism and the end of liberal democracy", in ___. *Edgework: Critical Essays on Knowledge and Politics*, Princeton University Press, 2005, p.37-59.
8. J. Gray, *False Dawn: The Delusions of Global Capitalism*, Granta Books, 2009.
9. Ver H. Welzer, *Climate Wars: Why People Will Be Killed in the Twenty-First Century*, Polity, 2012, p.176.
10. J.M. Coetzee, *Diary of a Bad Year*, Vintage Books, 2008, p.79 (ed. bras., *Diário de um ano ruim*, São Paulo, Companhia das Letras, 2008).
11. Ibid., p.119.
12. J. Habermas, op.cit., p.76.
13. A. Appadurai, *Modernity at Large: Cultural Dimensions of Globalization*, University of Minnesota Press, 1996.
14. M. Augé, *Non-Places: Introduction to an Anthropology of Supermodernity*, Verso, 2009.
15. J. Bodin, *On Sovereignty*, Cambridge University Press, 1992.
16. C. Schmitt, *Political Theology: Four Chapters on the Concept of Sovereignty*, University of Chicago Press, 1985, p.36.
17. Ibid., p.46-7.
18. Ibid., p.10.
19. Ibid., p.8.

20. Ver U. Beck, *German Europe*, Polity, 2013, p.45s.
21. Ibid., p.49-50.
22. T. Hobbes, *Leviathan*, Penguin, 1985 [1651], p.81.
23. M. Horkheimer e T.W. Adorno, *Dialectic of Enlightenment*, Verso, 1997 (ed. bras., *Dialética do esclarecimento*, Rio de Janeiro, Zahar, 2004).
24. Termo introduzido em W.B. Gallie, "Essentially contested concepts", *Proceedings of the Aristotelian Society*, n.56, 1956, p.167-98, e explicado pelo autor como referente aos "conceitos cujo uso adequado envolve inevitavelmente disputas infindáveis sobre seu uso adequado pelos seus usuários". Como comentou John Gray (ver J. Gray,"On liberty, liberalism and essential contestability", *British Journal of Political Science*, v.8, n.4, out 1978, p.385-402), disputas sobre questões classificadas como "essencialmente contestadas ... não podem ser resolvidas apenas por apelos a indícios empíricos, usos linguísticos nem cânones da lógica".
25. J. Nye, *Soft Power: The Means to Success in World Politics*, Public Affairs, 2004.
26. P. Bourdieu, *Distinction: A Social Critique of the Judgement of Taste*, Routledge, 2006.
27. J. Habermas, *Legitimationsprobleme im Spätkapitalismus*, Suhrkamp, 1973 (ed. bras., *A crise de legitimação no capitalismo tardio*, São Paulo, Tempo Brasileiro, 2002).

2. Modernidade em crise *(p.70-135)*

1. J.-F. Lyotard, *The Postmodern Condition: A Report on Knowledge*, Manchester University Press, 1984, p.3.
2. J.-J. Rousseau para Voltaire, 18 ago 1756, in A. Leigh (org.), *Correspondence complète de Jean-Jacques Rousseau*, v.IV, Geneva, 1967, p.37-50.
3. S. Hessel, *Time for Outrage!*, Quartet Books, 2011.
4. J. Gray, *The Silence of Animals: On Progress and Other Modern Myths*, Allen Lane, 2013, p.57-62.
5. É. de la Boétie, *The Politics of Obedience: The Discourse of Voluntary Servitude*, J. Collins, 2005.
6. Lyotard, op.cit.
7. A.-L.-C. Destutt de Tracy, "Elements of ideology", in T. Jefferson (org.), *A Treatise on Political Economy*, Ulan Press, 2012.
8. Ver J. Gray, op.cit., p.98.
9. S. Freud, *The Future of an Illusion*, Penguin, 2004, p.38-9 (ed. bras., *O futuro de uma ilusão e outros textos*, São Paulo, Companhia das Letras, 2014).
10. C. Jencks, *The Language of Post-Modern Architecture*, Rizzoli, 1977.
11. R. Venturi, D. Scott Brown e S. Izenour, *Learning from Las Vegas*, MIT Press, 1972.
12. Z. Bauman e K. Tester, *Conversations with Zygmunt Bauman*, Polity, 2001 (ed. bras., *Bauman sobre Bauman*, Rio de Janeiro, Zahar, 2011).
13. R. Sennett, *The Corrosion of Character: The Personal Consequences of Work in the New Capitalism*, W.W. Norton & Co., 1998, p.51 (ed. bras., *A corrosão do caráter*, Rio de Janeiro, Record, 2004).

14. Ibid., p.47.
15. Z. Bauman, *Collateral Damage: Social Inequalities in a Global Age*, Polity, 2011 (ed. bras., *Danos colaterais*, Rio de Janeiro, Zahar, 2012).
16. Sennett, op.cit., p.24.
17. G. Vattimo, *The End of Modernity: Nihilism and Hermeneutics in Postmodern Culture*, Polity, 1992.
18. Cf. A.W. Gouldner, *The Coming Crisis of Western Sociology*, Basic Books, 1970.
19. J. Habermas, *The Philosophical Discourse of Modernity. Twelve Lessons*, Polity, 1990 (ed. bras., *O discurso filosófico da modernidade*, São Paulo, Boitempo, 2012).
20. Z. Bauman, *Liquid Modernity*, Polity, 2000 (ed. bras., *Modernidade líquida*, Rio de Janeiro, Zahar, 2014).
21. Z. Bauman, "2011 – The year of people on the move", Social Europe, dez 2011; disponível em: www.socialeurope.eu/2011/12/2011-the-year-of-people-on-the-move.
22. F. Fukuyama, *The End of History and the Last Man*, Penguin, 2012 (ed. bras., *O fim da história e o último homem*, Rio de Janeiro, Rocco, 1992).
23. Vattimo, op.cit., p.8-9.
24. W.L. Thomas, *The Child in America: Behavior Problems and Programs*, Alfred A. Knopf, 1928, p.572.
25. R.K. Merton, *Social Theory and Social Structure*, Free Press, 1968, p.477.

3. Democracia em crise *(p.136-79)*

1. R. Rorty, *Philosophy and Social Hope*, Penguin, 1999, p.233.
2. M. Horkheimer e T.W. Adorno, *Dialectic of Enlightenment*, Verso, 1997.
3. J.P. Sartre, *The Imaginary: A Phenomenological Psychology of the Imagination*, 2004 (ed. bras., *O imaginário: psicologia fenomenológica da imaginação*, São Paulo, Ática, 1992).
4. T. Lucrécio Caro, *The Nature of Things*, Livro V, Penguin, 2007: "Usus et impigrae simul experientia mentis,/ Paulatim docuit pedetemptim progredientis./ Sic unum quicquid paulatim protrahit aetas/ In medium, ratioque in luminis erigit oras." ["Pela prática e pela experiência da mente,/ Ao avançarem os homens em passo a passo zeloso./ Assim o tempo atrai cada uma e todas as coisas/ Pouco a pouco para o seio dos homens,/ E a razão o ergue às fímbrias da luz."]
5. J.B. Bury, *The Idea of Progress: An Inquiry into its Origin and Growth*, McMillan, 1932, p.6-7: "A ideia do progresso humano é então uma teoria que envolve uma síntese do passado e uma profecia do futuro. Ela é baseada numa interpretação da história que considera que o homem está avançando devagar, ... numa direção determinada e desejável, e infere que esse progresso continuará indefinidamente. E ela implica que, como 'The issue of earth's great business',* a condição de felicidade geral será enfim desfrutada e justificará todo o processo de civilização".

---

* Verso de um poema de Percy Byshhe Shelley, escrito em carta a Maria Gisborne em julho de 1820: "O problema do grande negócio da Terra." (N.T.)

6. A. Gorz, *Critique of Economic Reason*, Verso, 2011.
7. G. Lipovetsky, *Le bonheur paradoxal: essai sur la société d'hyperconsommation*, Gallimard, 2006.
8. S. Latouche, *Farewell to Growth*, Polity, 2009.
9. E. Morin, *La voie: pour l'avenir de l'humanité*, Fayard, 2011 (ed. bras., *A via para o futuro da humanidade*, Rio de Janeiro, Bertrand Brasil, 2012).
10. J. Gray, *The Silence of Animals: On Progress and Other Modern Myths*, Penguin, 2013, p.6-7.
11. Ver H. Welzer, *Climate Wars: Why People Will Be Killed in the Twenty-first Century*, Polity, 2012, p.176.
12. S.P. Huntington, *The Clash of Civilizations and the Remaking of World Order*, Free Press, 2002.
13. J.L. Fischer, *Krize demokracie. I. Svoboda, II. Rád*, Karolinum, 2005 [1933].
14. L. Canfora, *Democracy in Europe: A History of an Ideology*, Wiley-Blackwell, 2006.
15. J.-J. Rousseau, *The Social Contract*, Oxford, 2008 [1762], p.101.
16. Ibid., p.127.
17. A. de Tocqueville, *Democracy in America*, Penguin, 2003 [1835-40]. Porém, a ideia de libertar a democracia do conceito de maioria numérica já está presente em Aristóteles; ver Canfora, op.cit., p.249-50.
18. B. Moore Jr., *Social Origins of Dictatorship and Democracy: Lord and Peasant in the Making of the Modern World*, Beacon Press, 1967, p.418.
19. C. Tilly, *Democracy*, Cambridge University Press, 2007.
20. Canfora, op.cit., p.250.
21. W. Streeck, *Buying Time: The Delayed Crisis of Democratic Capitalism*, Verso, 2014.
22. Z. Bauman e L. Donski, *Moral Blindness*, Polity, 2013 (ed. bras., *Cegueira moral*, Rio de Janeiro, Zahar, 2014).
23. C. Crouch, *Post-democracy*, Polity, 2004.
24. Tilly, op.cit., p.81.
25. Streeck, op.cit., p.48.
26. F.A. von Hayek é autor de uma bem estabelecida teoria liberal que alcançou sucesso considerável. Ver *Law, Legislation and Liberty: A New Statement of the Liberal Principles of Justice and Political Economy*, Routledge, 2012.
27. Streeck, op.cit., p.45.
28. Ibid., p.17.
29. Não obstante, ao mesmo tempo que a sociedade líquida produz incerteza e instabilidade nos indivíduos, a liquefação do capital, ao contrário, é uma fonte de certeza, desde o momento em que a flexibilidade dos recursos financeiros pode encontrar investimentos produtivos com mais rapidez em outras partes do mundo.
30. M. Castells, *Networks of Outrage and Hope*, Polity, 2012 (ed. bras., *Redes de indignação e esperança*, Rio de Janeiro, Zahar, 2013).
31. Z. Bauman, *Consuming Life*, Polity, 2007 (ed. bras., *Vida para consumo*, Rio de Janeiro, Zahar, 2008).

· Índice remissivo ·

A
Adorno, Theodor W., 58, 97, 137
Alemanha:
   domínio da União Europeia, 53
   Fração do Exército Vermelho, 113
   inflação em Weimar, 14
   República Democrática Alemã (RDA), 160
antipolítica, 24-6, 166-7; ver também divórcio poder-política
Appadurai, Arjun, 40
Arcimboldo, Giuseppe, 54
Argentina, 14
Aristóteles, 141
arquitetura, 96-7, 104
Augé, Marc, 44
Augsburg, Tratado de (1555), 47

B
Babinet, Gilles, 165
Bacon, Francis, 142
Balibar, Étienne, 22, 24, 25, 47
Beck, Ulrich, 50-1
bem-estar social, Estado de, 18, 27, 46, 53, 72-3, 82, 161
Ben-Ali, Zine El Abidine, 118
Benjamin, Walter, 85, 91, 129
Bentham, Jeremy, 65, 131
Bodin, Jean, 47-8, 49
bolsas de valores ver mercados financeiros
Bonaparte, Luís Napoleão, 154
Bourdieu, Pierre, 64
Boutmy, Emil, 48
Brafman, Nathalie, 162-3, 165
Brigadas Vermelhas, 113
Brown, Wendy, 28
Bury, John B., 142, 148

C
Calvino, João, 88
campos de concentração, 90, 116
Canfora, Luciano, 154, 160
Castells, Manuel, 21, 52, 127, 149, 150-1, 175
catástrofes morais, 70-1
chauvinismo, 63
China, 112
Chipre, 53
choque de civilizações, 151, 152-3
cidadania, 24-5
coalizões, 124-5
Coetzee, J.M., 38-9
colonialismo, 31, 146, 147
comércio livre, 142
companhias farmacêuticas, 149
companhias multinacionais, 12, 43, 89, 149

comunidades confinadas, 42
comunismo, 90, 100, 114, 142
Congo, 147
conhecimento, 44-5, 70, 111, 142
conjuntura, 10
Conrad, Joseph, 147
consumismo, 19, 27, 68-9, 93, 112, 137, 142, 144-5, 173, 176
contratos de duração determinada (CDDs), 164
crise (2008-):
　características, 11-2
　cooperação internacional e, 33
　crise de agência, 20, 34, 37, 117, 127, 148
　crise financeira, 12-5
　divórcio poder-política, 21-39, 42-6, 89, 116-7, 177
　duração, 15, 21-2, 74-5
　excesso de democracia, 161-2
　fracasso da democracia, 169
　origens, 11-2
　transformação social e econômica, 75
crise do petróleo (anos 1970), 112
crises:
　2008 ver crise (2008-)
　crise do Estado, 9-69, 138-40
　crise do petróleo (anos 1970), 112
　definição, 9-22
　econômicas, 9-10, 11, 12, 14, 15, 16-7
　etimologia, 9
　modernidade, 70-135
　de transição, 85, 111-2
crises de transição, 85, 111-2, 137
Crouch, Colin, 166, 168
cultura, economia e, 136-7
cultura de massa, 58, 96, 177

D

D'Azeglio, Massimo, 39
decadentismo, 112
demagogos, 83-4, 158
democracia:
　aspectos formais, 168
　capitalismo e, 169
　crise, 136-79
　desdemocratização, 159, 168-9
　divórcio poder-política, 21-39, 42-6, 89, 116-7, 177
　eleições, 30-1, 167
　escolhas, 35
　etimologia, 153-4
　excesso de democracia, 161-2, 170
　falsa democracia, 25, 73
　Grécia Antiga, 154-5
　líderes políticos, 118, 119-20, 124-5, 168
　neoliberalismo e, 47
　nova ordem global, 174-9
　participação, 24, 44, 70, 137, 160, 167, 177
　pós-democracia, 162-74
　progresso e, 136-53
　representação, 33, 55, 57, 59, 148, 155, 158-9, 161, 167, 176
　Rousseau, 155-6
　significados, 153-4, 155-7, 160-1
Demócrito, 142
Derrida, Jacques, 108-9, 113
desastres, 70-1, 80
Descartes, René, 48, 142
desconstrução, 72, 104, 108-9
desemprego, 9, 16, 17-8, 82, 83, 139, 144, 164
desmassificação, 26-7, 55, 57-8, 89, 112, 114, 173, 175-7
desmaterialização do capital, 169, 171-2
desregulamentação, 19, 28, 31-2, 84, 123, 167, 169-70
destruição nuclear, 127, 128
Destutt de Tracy, Antoine-Louis-Claude, 89
Dião Cássio, Cocceiano, 154
direitos humanos, 79
divórcio poder-política, 21-39, 42-6, 89, 116-7, 177
domínio da razão, 80
Drucker, Peter, 18

Índice remissivo

E

economia:
  crescimento econômico, 93-4
  crises, 9-10, 11, 12, 14, 15, 16-7
  cultura e, 136-7
  dominação e, 136-7
  meio de controle social, 175-6
efeito de eco, 13
elites, 43, 83, 156, 157, 176
Engels, Friedrich, 36
engenharia genética, 134
Epicuro, 142
era pós-industrial, 70, 138, 172
"espaço de fluxos", 21, 30, 32, 52, 127, 149, 150-1
"espaço de lugares", 52, 150-1
Espanha, 119
Estado:
  aparato regulador, 57
  confiança pública no, 19-21
  crise, 9-69, 138-40
  cuius regio eius religio, 47
  desafios extraterritoriais, 33
  divórcio poder-política, 21-39, 42-6, 89, 116-7, 177
  Estado capitalista, 68-9
  Estado de bem-estar social, 18, 27, 46, 53, 72-3, 82, 161
  Estado republicano, 59
  estatismo sem Estado, 22-39, 127-8
  fronteiras territoriais, 31-2
  fundação do Estado moderno, 102
  garantias de ordem, 80-2
  garantias sociais, 72
  Hobbes e o Leviatã, 41-2, 47, 54-69
  impotência, 127
  modelo de Estado social, 17, 27
  modelo westfaliano, 17, 31, 35, 41-7
  monopólio da violência, 62
  nação e Estado, 39-54
  poder absoluto, 47-9
  substituição, 9
  terceirização, 19
Estado de bem-estar social, 18, 27, 46, 53, 72-3, 82, 161
Estado fracassado, 62
Estado-nação *ver* Estado
Estados pós-comunistas, 84
Estados Unidos:
  11 de setembro, 113
  assistência de saúde, 73
  decisões judiciais da Flórida, 63
  democracia, 156
  Estado de bem-estar social e, 72-3
  movimentos de protesto, 118-9
  neoliberalismo, 26
  poderes presidenciais, 126-7
  pós-modernismo, 96
  queda de Wall Street (1929), 10
  self-made man, 156
estágios, 164
Estatuto dos trabalhadores, 170
ética do trabalho, 141-5
expressões fáticas, 163

F

Facebook, 119, 122, 163
fascismo, 90, 112, 137, 155, 157, 170
Felice, Alexandra de, 164
feudalismo, 41, 57, 89, 102
Fischer, Josef L., 153
Fontenelle, Bernard le Bovier de, 142
forças do segundo vínculo, 30
fordismo, 66, 137
Foucault, Michel, 65
Fração do Exército Vermelho, 113
França:
  Comuna, 154
  filósofos e pós-modernismo, 113
  massacre da Noite de São Bartolomeu (1572), 47
  mercado de trabalho, 164-6
Frankfurt, Escola de, 58, 97, 109, 136
Freedom House, 159
Freud, Sigmund, 80-1, 94-5
Friedman, Milton, 19
Fukuyama, Francis, 128, 133

G

Gaddafi, Muammar, 118
Gallie, Walter B., 182n24
gasto público, relações puras, 72, 167, 168
Gennep, Arnold van, 103
geração Y, 162-5
Giddens, Anthony, 32
globalização:
    aldeia global, 129
    crise e, 12
    "espaço de fluxos", 21, 32, 52, 127, 149, 150-1
    Estado e, 42
    laissez-faire, 45
    migração e, 23
    nova ordem global, 174-9
    pós-modernidade, 110
    separação global-local, 22-4, 46
glocalização, 149-53
"gloriosos trinta anos", 17, 19, 27, 82
Gorz, André, 144
governos locais, 140
Gramsci, Antonio, 122
Grande Depressão (1929), 10, 18
grandes divisões, 111
Gray, John, 33, 79-80, 83, 94, 146-7, 182n24
Grécia, 12, 14, 53, 118
guerras religiosas, 41, 54, 90

H

Habermas, Jürgen, 39, 68-9, 109-11
Havel, Václav, 119-20, 125-6
Hayek, Friedrich A. von, 169
Hegel, Georg W.E., 91, 100, 106, 109, 114, 130, 142
Heidegger, Martin, 101, 108-9, 130
Heródoto, 130
Hessel, Stéphane, 72
história:
    escrita pelos vitoriosos, 129
    fim da história, 128-35
    fim das grandes narrativas, 128-9
    grandes narrativas, 128
    materialismo histórico, 136
    pistas eletrônicas, 131-2
    pós-modernismo e, 130
    progresso, 71, 79, 81, 87-8, 100, 129-30, 136-53
    recorrência, 131
    sociedade sem memória, 132
Hitler, Adolf, 14
Hobbes, Thomas:
    construção do Estado moderno, 101-2
    Do cidadão, 57
    Leviatã, 41-2, 47, 54-69
    poder do príncipe, 48
    propósito do conhecimento, 142
Hobsbawm, Eric J., 9, 27
holdings, 43, 140, 171
Hollande, François, 38
Horácio, Quinto Flaco, 141
Horkheimer, Max, 97, 137
Huntington, Samuel, 151, 153
Husserl, Edmund, 109

I

ideologia, 89-90, 93-4, 95, 99, 110, 126, 127-8, 142, 173
idiossincrasias, 67
Iluminismo, 70, 87, 89, 110, 142
imperialismo, 110, 146, 147
indecisão, 29-30
Índia, 168
indignação, 35, 36-7, 117-20, 125, 167, 175
individualidade, 66-8
individualismo, 36, 61, 100, 110, 114, 148, 162
inflação, 14
interregno, 121-3
Itália, 39, 113
Izenour, Steven, 96

J

Jencks, Charles, 96, 104
Jó, 60

K

Kant, Immanuel, 38, 100
Keynes, John Maynard, 10, 12, 14, 17, 169

Klee, Paul, 85, 91, 93
Koselleck, Reinhart, 92, 177

L
La Boétie, Étienne de, 24, 85
Latouche, Serge, 145
Le Corbusier, 96
Le Tellier, Hervé, 118
Leis para os Pobres, 56
Leviatã, 41-2, 47, 54-69
liberalismo:
    comércio livre, 142
    liberalismo clássico, 27-8
    paladinos dos direitos humanos, 79
    ver também neoliberalismo
líderes políticos, 118, 119-20, 124-5, 168
Lipovetsky, Gilles, 145
lobbies, 26, 43, 168
Lucrécio, Tito Caro, 142
ludditas, 86
Lutero, Martinho, 88
Lyotard, Jean-François, 70, 89, 105, 110, 112, 113, 116

M
Maiakóvski, Vladimir, 104
Malinowski, Bronislaw, 163
Mao Tsé-Tung, 112
Maquiavel, Nicolau, 50-1
Marx, Karl, 36, 109, 114, 136, 142-3
marxismo, 109, 129, 157
massificação ideológica, 112
McLuhan, Marshall, 43, 129
mercado de emprego *ver* mercado de trabalho
mercado de trabalho, 114, 164-6, 170-1
mercados:
    Deus e, 38
    estatismo sem Estado, 25
    mão invisível, 19-20
    mercado de trabalho, 114, 164-6, 170-1
    mercados financeiros, 12, 138, 140, 167, 169, 176

neoliberalismo, 28
não lugares, 44, 138
Merkel, Angela, 50-1
Mersenne, Marin, 48
Merton, Robert K., 135
mídia:
    ilusão das massas, 173
    líderes políticos e, 168
    poder e, 58
    subjetivismo e, 101
    ver também mídia social
mídia social, 119, 122, 163
Mies van der Rohe, Ludwig, 96
migração, 23, 149-50
modelo de Estado social, 17, 28
modelos de boa sociedade, 75, 127
modernidade:
    advento, 85-6
    arquitetura, 96
    consumismo, 144-5
    crise, 70-135
    desconstrução e negação, 108-28
    dissolução, 40, 84-95
    Estado e indústria privada, 139
    ética do trabalho, 141-5
    fim da história, 128-35
    fim da pós-modernidade, 95-108
    fundações, 87, 141
    ilusões, 75-6
    modelos de "boa sociedade", 75
    modernidade líquida, 27, 41, 67, 68, 77, 97-8, 106-11, 115-6, 164, 172-4
    promessas retiradas, 70-84
    significado, 86
    símbolos, 85
    sociedade de massa, 26-7, 114
Moisés, 50
Montesquieu, Charles de, 142
Moore, Barrington, Jr., 158
Morin, Edgar, 145, 156
Moro, Aldo, 113
movimento "No logo", 12
movimento Occupy Wall Street, 175
movimentos de protesto, 36, 117-9, 122, 125, 175

movimentos libertários, 44
Mubarak, Hosni, 118
mundo antigo, 141-2, 145-6, 154-5
Münster, Tratado de (1648), 41, 47
Muro de Berlim, queda do, 114
Mussolini, Benito, 167
Myspace, 119

N
nação:
   crise, 40
   Estado e nação, 39-54
   identidade cultural, 40, 43, 59
   significado, 39
nação-Estado ver Estado
nacionalismo, 25, 63
Nações Unidas, 41
nazismo, 90, 100, 109, 112, 137, 157
neoliberalismo:
   antipolítica, 26
   consenso ocidental, 46
   democracia e, 47
   desregulamentação, 169-70
   empoderamento e, 28
   Estado de bem-estar social e, 72-3
   Estado e, 28, 139
   ideologia de mercado, 27
   pós-democracia, 167-8
   revolução, 32
Nietzsche, Friedrich, 100, 108, 109, 128, 130, 134-5
nova ordem global, 174-9
Nye, Joseph, 63

O
Obama, Barack, 73
Organização Mundial do Comércio, 12
Osnabrück, Tratado de (1648), 41, 47

P
pan-óptico, 66
Parlamento Europeu, 42
Parsons, Talcott, 107
participação, 24, 44, 70, 137, 160, 167, 177

patriotismo, 63-4
pensões de aposentadoria, 73
Pico della Mirandola, Giovanni, 77
pistas eletrônicas, 131-2
Platão, 141
pobreza, 174
poder brando, 63
política "deflacionária", 14
poluição da água, 149
populismo, 25, 96, 160
populismo estético, 96
pós-fordismo, 137
pós-modernidade:
   arquitetura, 96-7, 104
   caos, 133
   características, 132-3
   confiança da história e, 130
   data do fim, 112
   desconstrutivismo, 108-9
   fim das grandes narrativas, 89, 110
   ilusões, 137
   morte, 95-110, 111
   negatividade, 106
   precursores, 130
   promessas e, 70
   rótulo, 98, 105, 132-3
   significado, 95
pós-nacionalismo, 40
Pralong, Jean, 165
precariado, 20, 35, 138, 166
pré-romantismo, 99, 112
Primavera Árabe, 44, 118-9, 175
privatização, 19, 123, 127, 169
progresso, 71, 79, 81, 87-8, 100, 129-30, 136-53
proletariado, 35, 129, 138, 143, 157
propaganda, 168, 178
protestantismo, 87-8, 143
Putin, Vladimir, 125

R
Reagan, Ronald, 19
redes, 124
Reforma, 87-8
religião, 47-8, 58, 87-8, 99, 143
Renascimento, 77

República Tcheca, 119-21, 125-6
revolução cultural, 112, 137, 148
Revolução Industrial, 88, 89, 91
Ricardo, David, 46
ritos de passagem, 102-3
romantismo, 87
Rorty, Richard, 136, 176
Rousseau, Jean-Jacques, 48, 57, 70-1, 155, 158, 167
Rovatti, Pier Aldo, 108
Rússia, 125

S
Sartre, Jean-Paul, 137
Schmitt, Carl, 48, 60, 61
Scott Brown, Denise, 96
Segunda Guerra Mundial, 13
Sennett, Richard, 107-8
síndrome consumista, 178-9
síndrome de *Titanic*, 13
sistema bancário, 12, 19, 118, 138, 139, 144
Smith, Adam, 19, 45-6, 142
sociedade confessional, 65
sociedade de massa, 26-7, 114, 116, 173
sociedade líquida, 27, 41, 67, 68, 77, 97-8, 106-11, 115-6, 164, 172-4
sociedade oculta, 115
solidariedade, 53, 55, 99, 100, 108, 110, 114, 156
Spinoza, Benedict de, 87, 142
stalinismo, 90, 104
Streeck, Wolfgang, 161, 169
subjetivismo, 99-102, 109
suicídio, 10, 14
Sula, Lúcio Cornélio Félix, 154
superclasse, 136, 176

T
Taylor, Frederick, 66
tecnologia, 44, 87, 94, 111, 112, 137, 169

teoria crítica, 97
terceirização, 19, 64
terremoto de Lisboa (1755), 70, 80
Tester, Keith, 97-8, 103, 122
Thatcher, Margaret, 19, 29*n*
Thomas, William I., 135
Tilly, Charles, 159, 168
títulos podres, 12
Tocqueville, Alexis H.C. de, 156-7, 174
totalitarismo, 27, 82, 104, 112, 155, 157, 160, 173, 176
trabalho de mulheres, 88, 170-1
trabalho forçado, 56
Tucídides, 9, 154
Turgot, Anne-Robert-Jacques, 142
Turner, Victor, 103
Twain, Mark, 94
Twitter, 119, 122, 163

U
União Europeia, 12, 14, 24, 29, 37, 38, 39, 53, 170
União Soviética, queda, 114
urbanização, 149-52, 176
utopia, 76, 97, 137, 143

V
Vattimo, Gianni, 108, 129
Venturi, Robert, 96
Vitrúvio, Pólio, 104
Voltaire, 70, 142

W
Wall Street, queda de (1929), 10
Weber, Max, 62, 66, 109
Welzer, Harald, 36, 148, 149
Westfália, Tratados de (1648), 41, 47
Wikipedia, 163
World Trade Center, 12

FSC
www.fsc.org
MISTO
Papel produzido
a partir de
fontes responsáveis
FSC® C011188

A marca FSC® é a garantia de que a madeira utilizada na fabricação do papel deste livro provém de florestas que foram gerenciadas de maneira ambientalmente correta, socialmente justa e economicamente viável, além de outras fontes de origem controlada.

Este livro foi composto por Mari Taboada em Avenir e Minion 11/14 e impresso em papel offset 90g/m² e cartão triplex 250g/m² por Intergraf em dezembro de 2017.